고승 진영

글/김형우 ● 사진/김형우, 윤열수

대원사

김형우 ─────────
동국대학교 사학과를 졸업하고 같
은 대학원에서 석사, 박사 학위를
받았다. 상명여대, 충남대, 경기대,
동국대 등에 출강하였으며 현재
문화관광부 문화재 감정위원이다.
논문으로 '호승지공과 고려불교'
'해동고승전에 대한 재검토' '고
려시대 국가적 불교 행사에 대한
연구' 등이 있다.

윤열수 ─────────
원광대학교를 졸업하고 동국대학
교 대학원 사학과에서 불교미술사
를 전공하였다. 에밀레박물관과 삼
성출판박물관 학예연구원을 거쳐
현재 가천박물관 학예연구실장으
로 있다. 저서로 「한국의 호랑이」
「통도사의 불화」「괘불」「산신도」
등이 있다.

빛깔있는 책들 103-19

고승 진영

고승 진영

머리말

    우리나라 역사의 전개에 있어서 불교가 그 정신적인 원동력을 제공해 왔음은 이미 널리 알려진 사실이다. 그것은 탑이나 불상 등이 절에 있기 때문만은 아닐 것이다. 불교의 바른 가르침을 지키고 생활하는 사람들에 의한 것이고 또 그 가르침을 전하는 일이 그들에 의하여 끊임없이 행해져 왔기 때문에 가능하였다.

    이처럼 한국 정신 문화의 주류를 이룬 불교의 맥을 이어온 스님들의 모습은 어떠하였으며, 어떻게 표현되었을까? 우리는 고승 진영(高僧眞影)을 통하여 그들과 만날 수 있고 궁금증을 풀 수 있다.

    고승 진영은 덕높은 스님의 모습을 그린 초상화이다. 초상화는 대상 인물에 대한 존경과 추모의 정으로 그려지는 기록화로 그의 겉모습과 내면의 정신 세계까지 포함한 모든 것을 제한된 화면에 표현한 것이다.

    고승 진영은 이같은 초상화로서의 성격을 가지면서 또 조사 신앙(祖師信仰)의 예배 대상이 되는 불화로서의 의미도 지니고 있다.

    불화는 경전에 의거하여 신앙의 내용을 압축하여 그림으로 표현해 낸 것이다. 그런데 선종(禪宗)에서는 자신의 마음을 바로 봄으로

영파당 성규 진영 영파당 성규(1728~1812년)는 화엄과 선의 진리를 터득하여 뛰어난 법력과 교화 활동으로 이름이 높았던 승려로, 안면에서 노승의 경륜을 엿볼 수 있다. 통도사 소장.

설송당 연초 진영 연초(1676
~1750년)는 대선사로 이름
이 있던 승려이다. 통도사
소장.

써 성불이라는 자아의 완성에 이를 수 있다 하여 굳이 경전에 의지
하지 않고 있다. 석가가 가섭에게 염화시중(拈花示衆)의 미소로
법을 전하였듯이 스승과 제자 사이의 사자상승(師資相承)을 경전보
다도 중시하였다. 그리하여 스승을 소의 경전처럼 받들게 되었고
깨달음의 경지가 담겨 있는 모습을 그린 진영은 조사 신앙의 예배
대상이 되었다.

　이러한 사상적 배경 아래 조성된 진영은 한 사찰에 수십 점씩
봉안되기도 했다. 종파의 시조(始祖)나 사찰의 창건주를 비롯하여
역대 고승 대덕들의 모습이 비단 화폭에 채색으로 그려져 진영당
(眞影堂)에 모셔져 있다. 대부분의 진영은 사찰에 소속되어 있는

화승(畵僧)에 의해 전통적인 불교 회화의 기법으로 그려지는데 의자에 앉거나 바닥에 가부좌한 전신상으로 그 형식이 고정되어 있고 양식의 변천도 다양한 편은 아니다.

현재 전하고 있는 진영은 모두 조선 후기 이후에 제작된 것들이다. 예배의 대상으로서 추모의 정을 지속하기 위하여 훼손이 되면 계속 옮겨 그렸기 때문이다. 그러나 화법(畵法)이나 양식 변천 등의 조형적 근거를 넘어선 하나의 통일체로서 불교 수행인의 모습과 인상을 살펴보는 것도 대단히 의미있는 일이다. 전기(傳記)를 통한 행적과 진영에 나타난 모습을 융화시켜 보면 우리는 그들의 모든 것과 만날 수 있다.

고승 진영의 개념

　불교의 가르침에 '이영심진(以影尋眞)'이라는 말이 있다. 이것은 '영(影)'을 통해서 진(眞)을 찾는 것이 바로 비로법계신(毘盧法界身)을 보는 것'이라는 뜻이다. 고승의 초상화를 진영(眞影)이라 하는데 그 의미도 바로 여기에서 찾아야 한다. 진영은 초상화이지만 또 불화로서의 개념도 담고 있다.

　진(眞)이라 함은 '참다운 것'이라는 의미에서 비롯하여 본질적인 것을 말하며, 초상화에서의 진(眞)은 대상 인물 가운데에 내재하는 진실함 곧 심성이 포착되어 있어야 한다는 의미가 깃들어 있다. 이 점은 초상화를 그리는 행위를 '사진(寫眞)'이라고 하였으며 나중에 그것이 명사화하여 결국 초상화 자체를 가리키게 된 데에서도 알 수 있다.

　영(影)은 그림자로서 실물과 같지만 결코 실물이 아닌 형상을 뜻한다. 곧 초상화에서의 영은 진실이 형상화, 회화화된 것을 말한다. 이규보(李奎報; 1168~1241년)는 그의 문집에서 "과연 이 그림이 그 사람의 영인가 형인가, 형은 허망하여 꿈과 같은데 더구나 이것이 영일진대 꿈 속의 꿈이니라"라고 하여 인간의 형체가 덧없는

데 그 형체를 그린 영은 더욱 허망한 것이라고 영(影)과 형(形)의 관계에 대하여 말하고 있다.

다시 말하여 진영은 그 인물의 본질을 의미하는 진(眞)과 겉모습을 본뜬 영(影)을 합친 말이다. 인간에게 형체는 가변적인 것이다. 수염이 있을 수도 있고 뚱뚱하거나 마를 수도 있으며 옷과 기타 장엄물이 달리 표현될 수도 있다. 그러나 그 대상에 깃든 정신은 변할 수 없는 본질이며 그것을 온전하게 묘사하는 것이 초상화에서 가장 중요한 것이다. 그러므로 "형사(形寫)는 쉽지만 사심(寫心)은 어렵다"라고 했다. 외형적 닮음을 기본 요건으로 하지만 그 조형적 근거를 뛰어넘은 정신적 의미의 내용 전달이 핵심을 이룬다.

고승 진영은 불화로서 조사 신앙의 예배 대상이 된다. 선종 중심의 한국 불교에 있어서 조사 신앙은 매우 큰 비중을 차지하는 것이어서 진영은 더욱 중요한 의미를 갖는다. 선종은 본래 특정 경전에 의지하지 않기 때문에 엄격한 의미의 주존불도 소의 경전을 필요로 하지 않았다. 점차 선종이 교종과 상호 융화하는 과정에서 소의 경전을 갖게 되었다. 그렇지만 앞서 말한 것처럼 선종 본연의 입장에서는 경전보다도 스승과 제자 사이의 사자상승을 중요시여긴 나머지 스승을 곧 소의 경전으로 받들게 되었다. 성불한 인간으로서 완성된 인격을 갖춘 스승의 모습에는 깨달음의 경지가 담겨 있고 다른 어떤 경전이나 불화에 앞서는 예배의 대상이 되었다.

고승 진영의 조성과 봉안

　여러 종류의 불화 가운데 고승 진영은 많은 수가 조성되었고 또 현재에 전하고 있는 것도 대단히 많다. 1950년의 한국 전쟁 전까지만 해도 1천여 점에 이르는 진영이 전국 각지에 봉안되었던 것으로 추정된다. 다른 불화에 비하여 그토록 많은 수의 진영이 조성되었던 이유는 다음과 같이 생각할 수 있다.

　일반적인 불화는 경전에 의거하여 그 신앙 내용을 도상화한 것이기 때문에 한 절에 같은 유형의 그림이 많이 필요하지 않았으나 고승 진영은 종파의 시조(始祖)나 그 절의 창건주를 비롯하여 역대 고승의 모습을 그려서 봉안하는 것이기 때문에 양에 구애받지 않았다. 따라서 한 절에 수십 점의 진영이 조성, 봉안된 예가 많다.

　고승 진영은 한 인물에 대하여 여러 점이 제작될 수도 있었다. 종파의 시조나 국가, 사회적 기여도가 높은 고승은 여러 사찰에 봉안되었고 그분이 여러 지역을 돌아다니며 수도, 교화한 경우 제자들도 각지에 흩어져서 따로 스승의 진영을 봉안하였던 것이다. 고려 말의 지공(指空), 나옹(懶翁), 무학(無學) 등 삼화상과 임진왜란 때 구국에 앞장섰던 서산(西山), 사명(泗溟)의 진영은 각각 10여 점이 조성, 봉안되었다. 그리고 조선 후기에 법력과 교화 활동으로 이름이 높았던 환성 지안(喚惺志安), 영파 성규(影波聖奎), 화악 지탁(華嶽知濯), 화담 경화(華潭敬和) 등의 진영도 여러 지역의 절에 봉안되고 있다.

한편 고승 진영은 예배의 대상이 되었기 때문에 퇴색했거나 훼손되었을 때에는 다시 옮겨 그리게 된다. 그리하여 일찍부터 많은 수의 진영이 조성되었지만 제작 연대가 올라가는 현존 작품을 대하기는 쉽지 않다.

국가의 조종(祖宗)을 대표하는 왕의 어진(御眞)이 조성되어 진전(眞殿)에 봉안되고, 국가 공신과 일반 사대부의 화상이 사묘(祠廟)에 봉안되는 것과 마찬가지로 불교계에서는 역대 조사(祖師)와 고승의 진영을 조성하여 사원의 조사전(祖師殿)이나 진영당(眞影堂)에 봉안하였다. 신라시대 단속사의 신행 선사(神行禪師; 704~779년) 비문에 보면 "선사가 입적한 뒤 이름난 화가를 불러 신영(神影)을 그리게 했고 부도를 만들어 사리를 봉안했으며 지계(持戒)의 향불을 사르고 선정(禪定)의 물을 뿌렸다"라는 기록이 있는데, 이는 돌아가신 스승을 추모하는 정과 유체(遺體)를 숭배하는 뜻에서 비롯된 것임을 알 수 있다.

고승 진영은 위와 같은 일반 초상화로서의 성격말고도 불화로서의 성격도 있는 조성 배경의 특징이 있다. 앞에서 말한 것처럼 종교화(宗敎畵)로서 조사 신앙의 예배 대상으로 그렸던 것이다.

고승 진영의 활발한 조성은 선불교의 융성과 밀접한 관계를 가지고 있으며 한국 불교의 성격을 생각할 때 그것은 당연한 것이었다. 이러한 배경 아래 조성된 진영은 사법 제자나 재가 신도들이 스승의 존재를 떠올려 수행의 경계로 삼고 위안을 얻기도 하였지만 역대 스승의 체계를 세움으로써 문중(門中)의 입지를 분명히 하고 정신적 결속을 다지는 데에도 기여를 할 수 있었던 것으로 생각된다.

조성의 시대적 배경

고승 진영은 불교가 수용된 지 얼마 지나지 않은 때부터 조성되었으리라 짐작되지만, 그 시작이 어떠하였는지는 잘 알 수가 없다. 삼국시대 우리나라와 중국의 진(陳), 수(隋), 당(唐)과의 문화 교류, 구법승(求法僧)의 왕래 등으로 미루어볼 때 조사의 진영이 불화와 더불어 전해졌을 것이고, 이에 자극을 받아 우리나라 고승 진영도 조성되었으리라 생각된다. 그러나 삼국시대의 진영 조성에 대한 기록은 찾아지지 않아 그 실상을 알기가 어렵다.

현재 전하고 있는 진영 조성에 대한 가장 오래 된 기록은 813년에 세워진 단속사의 신행 선사 비문에서 찾을 수 있다. 신행 선사보다 앞선 시대에 살았던 원효(元曉), 의상(義相), 보덕(報德)의 진영이 봉안되어 있었다는 기록이 있지만 모두 고려시대의 일이다.

삼국시대에는 고승 진영의 조성이 그리 성행하지 않았던 것으로 생각된다. 초기의 승려들은 우선 불교의 유포와 홍법, 탑상 건립 등의 단계를 거쳐 감통(感通), 신이(神異)를 보여줌으로써 교화하고 뿌리를 내리는 데 주력하였던 것이다. 불교가 아직 성숙한 종파의 성립과 발전을 보이지 못했고 겨우 학문적 경향으로 화엄, 유식 등의 연구와 저술이 있었던 초기 단계였기 때문에 종파의 계보에 의한 활발한 진영 조성은 이루어지지 않았던 것으로 생각된다. 다만 사회적 활동과 학문적 기여도가 높은 승려에 대한 진영 제작이 간헐적으로 이루어진 것 같다.

「삼국유사」 홍법편에 "동경 흥륜사(興輪寺)의 금당에는 아도, 안함, 자장, 원효, 의상, 혜공 등 십성(十聖)의 상을 이소상(泥塑像)으로 안치하였다"라는 기록이 있어 오히려 불상 형태에다 좀더 사실성을 더하여 제작한 조각상이 진영도에 앞서 성행했던 것으로 추정되고 있다.

통일신라시대에 들어와서 활동한 인물로는 신행 선사를 비롯하여 연기(緣起), 신충(信忠), 도의(道義), 진표(眞表), 진감(眞鑑), 홍각(弘覺), 무염(無染), 범일(梵日), 도선(道詵), 이엄(利嚴), 보요(普耀) 선사 등의 진영이 봉안되었다는 기록들이 있다.

표1. 기록에 보이는 삼국, 신라시대 고승의 진영

이름	봉안 장소	전거
원효(元曉) (617~686년)	분황사(芬皇寺) 부안원효방 (扶安元曉房) 영수좌족암 (聆首座足庵)	「대각국사문집」 권18 「동국이상국집」 권23 「동문선」 권66 「동국이상국집」 권19 「동문선」 권50
의상(義相) (625~702년)	부석사(浮石寺)	「대각국사문집」 권18
보덕(普德) (7세기 중엽)	고대산 경복사 비래방장 (孤大山景福寺飛來方丈)	「대각국사문집」 권17 「동국이상국집」 권10 「보한집」 권 하
신림(神林) (7세기 말엽)	홍교사(興敎寺)	「대각국사문집」 권17
신행(神行) (704~779년)	단속사(斷俗寺)	신행선사비문
연기(緣起) (8세기 중엽)	화엄사(華嚴寺)	「대각국사문집」 권17
신충(信忠) (8세기 중엽)	단속사 금당 (斷俗寺金堂)	「삼국유사」 권5 피은
도의(道義) (760~821년)	?	진공대사비문

이름	봉안 장소	전거
진표(眞表) (8세기 중엽)	부안불사의방장 (扶安不思議方丈)	「동국이상국집」권23 「동문선」권16
진감(眞鑑) (774~850년)	연곡사(燕谷寺)	「산중일기」권 하
홍각(弘覺) (?~886년)	사림사(沙林寺)	홍각선사비문
무염(無染) (801~888년)	?	「동국이상국집」권12
범일(梵日) (810~889년)	?	「동문선」권50
도선(道詵) (827~898년)	옥룡사(玉龍寺)	선각국사비문 「동문선」권117
이엄(利嚴) (866~932년)	?	「동국이상국집」권 12
보요(普耀) (9세기 말엽)	?	「삼국유사」권4 탑상
해동 6조 (海東六祖, 원효, 태현 등)	금산사(金山寺)	혜덕왕사비

이들은 당대 최고의 학승과 선승들로서 특히 신라 하대 구산 선문 (九山禪門)의 융성과 더불어 그 개산조들의 진영이 많이 조성되었던 것을 알 수 있다. 그리고 그 기록들이 대부분 고려시대의 것임을 감안할 때 그들은 고려시대까지도 숭배되었던 인물이다.

고려시대에 와서는 신라 때보다 더욱 활발하게 진영이 조성되었

진감 국사 진영 진감 국사 (774~850년)는 당나라에 유학하고 돌아와 상주 장백사와 지리산 쌍계사에서 선교를 편 고승으로 얼굴이 검다하여 흑두타(黑頭陀)라 불렸다. 상주 남장사 7조사 진영 가운데 하나로 1812년 금어 한암 등에 의해 조성되었다. 남장사 소장.

다. 문헌 기록이나 현존하는 진영 가운데에는 당시의 인물이 상당수 포함되어 있다. 기록에 보이는 고려시대의 진영은 원종 찬유(元宗璨幽), 정진 긍양(靜眞兢讓), 법인 탄문(法印坦文), 능정(能淨), 보양(寶壤), 징원(澄遠), 혜소 정현(慧炤鼎賢), 지광 해린(智光海麟), 대각 의천(大覺義天), 대감 탄연(大鑑坦然), 무애지 계응(無㝵智戒膺), 보조 지눌(普照 知訥)을 비롯한 16국사, 원묘 요세(圓妙了世), 각진 복구(覺眞復丘), 지공(指空), 나옹 혜근(懶翁慧勤), 환암 혼수(幻菴混修), 무학 자초(無學自超), 순암(順菴) 등의 진영이다.

표2. 기록에 보이는 고려시대 고승의 진영

이름	봉안 장소	전거
원종 찬유(元宗璨幽) (869~958년)	고달원(高達院)	원종대사비문
정진 긍양(静眞兢讓) (878~956년)	봉암사(鳳巖寺)	정진대사비문
법인 탄문(法印坦文) (900~975년)	보원사(普願寺)	법인국사비문
능정(能浄) (고려 초)	안양사(安養寺)	「대각국사문집」권17
보양(寶壤) (고려 초)	봉성사(奉聖寺)	「삼국유사」권4 보양이목조
징원(澄遠) (고려 초)	?	「대각국사문집」권16
혜소 정현(慧炤鼎賢) (972~1054년)	칠장사(漆長寺)	「대각국사문집」권17 「동문선」권50
지광 해린(智光海麟) (984~1067년)	법천사(法泉寺)	지광국사비문
대각 의천(大覺義天) (1055~1101년)	영통사(靈通寺)	대각국사비문
대감 탄연(大鑑坦然) (1070~1159년)	단속사(斷俗寺)	「동국여지승람」권30 진주목
무애지 계응(無㝵智戒膺) (11세기 말엽)	?	「동문선」권50
원묘 요세(圓妙了世) (1163~1245년)	묘광사(妙光寺)	「동문선」권165

이름	봉안 장소	전거
각진 복구(覺眞復丘) (1270~1355년)	?	각진국사비문 「동문선」권51 「익제난고」권9
나옹 혜근(懶翁慧勤) (1320~1376년)	신륵사(神勒寺)	「목은집」권9 「동문선」권87 「동국여지승람」권7
	송천사(松泉寺)	「목은집」권6 「동문선」권76 「동국여지승람」권15
	건암선사(見菴禪寺)	「목은집」권5 「동문선」권75
	윤필암(潤筆庵)	「동문선」권72
	상두암(象頭庵)	「산중일기」권 하
지공(指空) (?~1363년)	고산암(孤山菴)	「백운화상어록」
환암 혼수(幻菴混修) (1320~1392년)	광암당(光巖堂)	「목은집」권25
순암(順菴) (?)	?	「가정집」권7

그들은 대부분 국사(國師)나 왕사(王師)로 추대되었거나 추증된 인물들이다. 고려 전기에는 당시의 왕실이나 문벌 귀족과 깊은 관련을 맺고 있었던 화엄종, 법상종 등 교종 승려들의 진영도 많이 조성되었는데 「대각 국사 문집(大覺國師文集)」에는 이들 진영에 대한 찬문(贊文)이 많이 실려 있다.

무신 집권 이후 결사 운동으로 인한 선종의 중흥은 진영 조성에도

더욱 활기를 띠게 하였다. 이 시기에는 달마도(達摩圖), 나한도(羅漢圖) 등과 같은 선종 불화도 크게 유행하였으며 가지산, 성주산, 수미산 등 선종 산문의 조사도(祖師圖)도 많이 그려져 봉안되었음을 기록에 의해 알 수 있다. 보조 지눌 이후 송광사에서 배출된 16국사의 진영은 계속 옮겨 그려졌다.

송광사 국사전 내부 승보 사찰 송광사의 상징인 16국사의 진영이 모셔져 있다. 정면 중앙에 보조 국사 진영을 중심으로 왼쪽에는 짝수 세(世) 국사의 진영 8위가, 오른쪽에는 홀수 세(世) 국사의 진영 7위가 배열되어 있다.(이들 진영 가운데 13점은 1995년에 도난 당함)

　　고려 말에 활약한 나옹 혜근의 진영은 여러 점이 조성 봉안되어 그가 조사 신앙의 대상이 되었음을 알게 해준다. 그가 입적한 여주 신륵사를 비롯하여 청주 송천사, 금강산과 묘향산의 윤필암, 거제 견암선사 등지에 그의 진영이 봉안되어 있었다.

　　조선 전기에는 억불 정책의 영향으로 진영 조성이 활발하지는 못하였다. 다만 조선 왕조 개창에 공이 있었던 무학과 그의 스승인 지공, 나옹을 받들어 모심으로써 억불 정책으로 위축되었던 불교계의 입지를 강화하고자 하였다. 현재에도 신륵사, 통도사, 선암사, 회암사, 불암사 등 여러 사찰에 이들 삼화상의 진영이 함께 봉안되어 있다.

23쪽 사진

조선 전기에 활약했던 승려 가운데에 벽송 지엄(碧松智嚴; 1464~1534년), 경성 일송(慶聖一松; 1488~1568년), 부용 영관(芙蓉靈觀; 1485~1571년)의 진영이 조성, 봉안되어 있었다. 이들은 모두 서산 대사 곧 청허 휴정의 직계 스승들로서 조파(祖派)의 체계를 세우면서 후대에도 계속 받들어졌던 분들이다.

임진왜란 이후에는 조선 전기 고승 대덕들의 진영을 옮겨 그리거나 새로이 조성하는 한편 서산, 사명 대사 등의 국가 유공자와 그들을 중심으로 한 특정 문중에 속하는 승려들의 진영이 활발하게 조성되었다.

특히 서산, 사명, 기허(騎虛)의 진영을 받들어 모심으로써 당시 불교계는 입지가 확대될 수 있었고 아울러 조정에서도 국가적 사업으로 그들을 추모하였다. 밀양 표충사, 해남 대흥사, 공주 갑사, 묘향산 등지에 추모관으로 표충사(表忠祠)를 세우고 각각 승려로서 총섭(摠攝)을 임명하여 그 일을 맡게 했다.

18세기 이후에는 각 지방으로 문중이 크게 확산되어 해당 사찰의 고승이나 주지 등 직접 관련이 있는 분들의 진영이 많이 조성되었다. 특정 종단이나 종파의 개념은 흐려졌지만 청허 휴정과 부휴 선수(浮休善修)의 제자들이 번성하면서 각기 문중의 법계(法系)와 사찰 단위로 진영이 조성되어 활기를 띠게 되었다.

벽송당 지엄 진영 벽송당(1464~1534년)은 벽계 정심의 법을 이은 선승으로 이 진영에는 법손(法孫) 서산 휴정의 찬문이 쓰여 있다. 벽송사 소장. (오른쪽)

震旦之皮　華月庚風
天竺之骨　如動生鬢

　　昏衢一燭　鳴乎不泯
　　法海孤舟　萬歲千秋

法探四山休靜謹撰．

봉안 장소

고승 진영은 진영당(眞影堂), 영각(影閣), 영자전(影子殿), 조사전(祖師殿), 국사전(國師殿) 등으로 불리는 건물에 봉안되는 것이 보통이다.

언제부터 고승의 진영이 예배의 대상으로서 일정한 장소에 봉안되기 시작하였는지 자세히 알 수 없다. 다만 원효의 진영이 원효방(元曉房)에 모셔져 있었다고 했으며 대감영당(大鑑影堂), 보제영당(普濟影堂), 선각진당(禪覺眞堂), 나옹진당(懶翁眞堂) 등의 기록도 보이고 있어 초기에는 대체로 개산 조사나 덕높은 고승의 진영이 그의 이름을 딴 일정한 장소에 각기 봉안되었던 것으로 보인다.

고려 중기 이후 결사 운동을 통한 선종의 융성으로 진영의 조성이 활기를 띠게 되었고 그 수도 많아지자 여러 진영들을 일괄 봉안하는 장소가 마련되기 시작한 것으로 생각된다.

조선 전기에는 불교계의 위축으로 진영 봉안도 뜸해지다가 임진, 병자의 양란 뒤에는 폐허된 사원이 복구되면서 다시 활발해졌다. 구국 활동을 한 서산과 사명의 진영은 많은 사찰에 봉안되었고 그 뜻을 기려 홍제암(弘濟菴)이라는 사당이 표충사 및 해인사에 세워졌으며 대흥사와 갑사에도 표충사가 따로 건립되었다. 그 뒤 각 문중과 사찰에서는 관련 고승의 진영 조성이 활발히 이루어져 많게는 수십 점에 이르게 되었고 이들을 봉안할 수 있는 장소도 별도로 마련되었다.

통도사(通度寺)

25쪽 사진 통도사의 진영은 개산조당(開山祖堂)과 삼성각(三聖閣) 그리고 영각(影閣)에 나뉘어 봉안되어 있다.

통도사 창건주인 자장(慈藏) 율사의 진영이 봉안되어 있는 개산

통도사 개산조당 통도사의 창건주인 자장 율사의 진영이 봉안되어 있다.

조당은 1727년에 초창되었고 1900년에 고산(古山) 스님이 중수한 전면 3칸, 측면 2칸의 목조 건물이다. 이 건물이 해장보각(海藏寶閣)이라고도 불리는 것은 자장 율사가 중국으로부터 가지고 온 대장경을 통도사에 봉안했던 데서 시작되었다.

대웅전 서쪽에 위치한 삼성각은 1870년 영인(靈印) 대사에 의해 건립되었으며 현재 건물은 전면 3칸, 측면 1칸으로 1935년 경봉(鏡峯) 대사가 중건하였다. 이곳에는 통도사에 와서 법회를 열었던 지공과 고려 말 조선 초의 나옹, 무학 등 삼화상의 진영이 모셔져 있고 그 옆에 칠성탱화와 독성탱화도 아울러 안치되어 있다. 그런데

이 삼화상의 진영이 삼성각 건립 연대보다 앞선 1807년에 조성된 사실을 볼 때 다른 곳에서 옮겨와 안치한 것으로 생각된다.

개산조인 자장 율사와 삼화상 진영 등 4점을 제외한 나머지 80여 점은 영각에 봉안되어 있다. 전면 8칸, 측면 3칸의 이 건물은 1701년 처학(處學) 스님에 의해 건립되었는데 우리나라 사찰 가운데 진영 봉안 장소로서는 가장 많은 수의 역대 고승 진영이 잘 봉안되어 있다.

송광사(松廣寺)

송광사의 진영은 국사전(國師殿)과 진영각(眞影閣)에 봉안되어 있다.(이 진영들 가운데 13점은 1995년에 도난 당함)

국사전은 승보 사찰 송광사의 상징적 건물로서 그 절에서 배출된 16국사의 진영이 모셔져 있다. 16국사는 고려시대에 국사로 책봉되었던 보조 지눌을 비롯한 15인과 국사로 책봉되지는 않았으나 공덕

과 법력이 국사와 같다 하여 종문(宗門)에서 함께 모신 고봉(高峯) 화상이다. 국보 56호로 지정된 국사전은 대웅전의 동쪽 언덕에 위치하고 있는데 전면 4칸, 측면 3칸의 맞배지붕으로 되어 있다. 정확한 건립 연대는 알 수 없으나 1450년을 전후한 시기로 추정하고 있으며 1601년에 중건되었고 다시 1962년에 보수하였다.

국사전에는 정면 중앙에 보조 국사를 중심으로 왼쪽에 짝수 세 26, 27쪽 사진 (世) 국사의 진영 8위가 있고, 오른쪽에는 홀수 세(世) 국사의 진영 7위가 배열되어 있다. 이같은 배열은 짝수 세 국사의 진영이 오른쪽 얼굴을 보이며 중앙을 향하고, 홀수 세 국사의 진영은 왼쪽 얼굴을 보이며 중앙을 향하게 그려졌기 때문이다. 현존하는 16국사 진영은 1780년 한꺼번에 다시 그려진 진영이다. 송광사와 더불어 한국 불교를 빛낸 그들의 덕을 기리고 추모하고자 조성된 진영과 국사전은 다른 사찰에서 그 유례를 찾을 수 없는 독특한 승보 사찰의 상징이라고 하겠다.

제4세 진명 국사 혼원 진영
　(옆면 왼쪽)
제2세 진각 국사 혜심 진영
　(옆면 가운데)
제1세 보조 국사 지눌 진영
　(옆면 오른쪽)
제3세 청진 국사 몽여 진영
　(왼쪽)
제5세 자진 국사 천영 진영
　(오른쪽)
송광사 국사전에 봉안된 진영들로서 1780년 금어 쾌윤과 복찬에 의해 다시 그려진 것이다.

국사전 오른쪽의 진영각에는 조선시대 후기의 고승 진영 40여 점이 봉안되어 있다. 그 편액을 '풍암영각(楓巖影閣)'이라고 하는데 그 까닭은 풍암 세찰(楓巖世察; 1688~1767년)과 그 문하 고승들의 진영이 주류를 이루고 있기 때문이다. 이 건물은 1852년에 건립된 것으로 전면 3칸, 측면 2칸의 맞배지붕이다.

법주사(法住寺)

29쪽 사진

법주사에는 22점의 진영을 봉안한 조사각(祖師閣)이 있다. 중앙에는 좌우로 개산 시조(開山始祖) 의신(義信) 선사와 전법 초조(傳法初祖) 태고(太古) 선사의 진영이 있다. 또한 기록이 없어 자세한 전기나 행적은 알 수 없지만 법주사의 역대 주지들로 짐작되는 고승들의 진영이 나란히 봉안되어 있다. 이 건물은 선희궁 원당(宣喜宮願堂)이라고도 부르는데 그 이유는 조선 영조(英祖)의 후궁이었던 영빈 이씨(暎嬪李氏)의 원당이었기 때문이다.

대흥사(大興寺)

대흥사에는 국난 극복에 공이 있었던 서산, 사명, 뇌묵 스님의 진영을 봉안한 표충사가 있고 대흥사와 인연이 있는 13대 종사, 13대 강사 등 역대 고승들의 진영이 봉안된 보련각(寶蓮閣)과 조사전(祖師殿)이 있다.

신륵사(神勒寺)

30쪽 사진

신륵사에도 조사당이 따로 있어 지공, 나옹, 무학의 삼화상 진영이 봉안되어 있다.

보물 180호로 지정되어 있는 이 조사당은 정면 1칸, 측면 2칸의 팔작지붕인데 조선 예종(睿宗) 때에 세워진 것으로 추정된다. 불단 후벽의 중앙에 나옹의 진영, 그 왼쪽과 오른쪽에 지공과 무학의

연담 세홍 진영   법주사 소장.

진영이 걸려 있는데 그것은 신륵사와 나옹과의 인연을 중요하게
생각했던 때문인 것 같다. 지공의 진영이 정면상에 가깝고 나옹과
무학의 진영이 서로 대칭을 이루고 있어 조성될 당시에는 다른 사찰
의 삼화상 진영처럼 지공의 진영이 중앙에 위치하도록 조성된 것으
로 생각된다.

　이 밖에 해인사(海印寺)에는 행해당(行解堂)이라고 부르는 조사

신륵사 조사당 지공, 나옹, 무학의 삼화상 진영이 봉안되어 있다. 보물 180호.

당에 순응(順應), 이정(利貞)을 비롯한 50여 고승의 진영이 봉안되어 있다. 또한 마곡사(麻谷寺)에는 영각(影閣)에 9점의 진영이, 갑사(甲寺)의 표충원(表忠院)에는 서산, 사명, 기허의 진영 3점이 봉안되어 있으며 청암사(靑巖寺)에도 따로 진영각이 마련되어 22점의 진영이 모셔져 있다.

　이처럼 대부분의 주요 사찰에서는 진영각 또는 조사당이라 부르는 건물이 있어 그 절과 인연이 있는 고승의 진영을 모셔 놓고 해마다 제향을 올리고 있다. 그러나 일부 사찰에서는 승방이나 법당의 한 쪽에 진영을 걸어 두기도 하고 더러는 다락방에 포개 얹어 두는 경우도 있어 점점 훼손되고 있는 실정이다.

유형과 양식적 특징

형식과 구조

　우리나라의 고승 진영은 사원에 소속되어 있는 화승들의 작품이 대부분으로 불화의 일반적인 기법이 그대로 적용되어 있다. 불교 회화의 융성 발전과 더불어 오랜 기간 동안 전승되어 온 기법과 구도로 그려진 것이다. 그러나 그 틀에 얽매이게 되어 표현이 자유스럽지 못하였으며 형식상의 다양한 전개와 발전은 이루어지지 못했다.

　고승 진영의 대부분은 전신 의자상이 아니면 바닥에 가부좌한 평좌상으로 담담하게 묘사되어 있다. 설법하는 모습, 참선하는 모습이나 사람과 만나 대화하는 모습 등의 어떤 특정 행위나 극적 순간을 형상화한 것은 거의 없고, 모두 다 의자나 바닥의 돗자리에 정좌하여 엄격하고 고요한 모습으로만 표현되어 있다. 그것은 초상화가 갖는 보편적인 성격이 상황보다는 인물 속에 내재한 진실을 강조하는 심성 표출을 중요하게 여겼기 때문이라고 생각되지만 지나치게 보수적인 틀에 얽매여 비슷한 형식으로 일관되어 있다.

청허당 대선사 등 24인 진영 가로 201.5센티미터, 세로 128센티미터. 대흥사 소장.

수준 높은 불화가 많이 제작되었던 고려시대나 그 이전의 원본이 전하지 않아 자세한 내용은 알 수 없지만 다양한 형식의 발전을 보인 일본의 고승 진영과는 대조를 보인다.

고승 진영은 화면에 한 사람만을 그린 독상(獨像)이 대부분이며 두 사람 이상을 한 화면에 그린 군상(群像)도 더러 있다. 원래 한 사람씩 그리는 것을 원칙으로 하여 그의 겉모습뿐 아니라 정신적인 내면 세계까지를 그렸으나, 후대에 와서 조성해야 할 선조들의 수가 많아짐에 따라 편의상 여러 사람을 한 화면에 그렸던 것으로 생각된

32쪽 사진
다. 대흥사와 쌍계사에 그러한 군상의 진영이 몇 점 있는데 이 경우 한 스승과 그에게 배운 여러 제자들을 같이 그려 사제 관계나 계파를 나타내고자 하였다. 그러나 군상의 경우는 각 개인의 특성을

진감 국사 등 3인 진영 진감 국사, 남악당, 벽송당 등 쌍계사와 인연이 있는 3인의 진영이다. 원형에 가까운 선상(禪床)에 가부좌하였으며 배경에는 산수화가 그려져 있다. 쌍계사 소장.

눌암 식활 진영   의자의 좌우 옆에 표범
과 호랑이가 그려져 있다.

살리지 못한 채 비슷한 얼굴에 각각 이름만을 써 넣고 있어 편의상
형식적으로 그려진 것임을 알 수 있다.

단독상인 경우 화면에 나타난 대상 인물의 신체 영역에 따라 전신
상(全身像)과 반신상(半身像)으로 나눌 수 있는데 반신상은 근대의
작품에 몇 점 보이는 정도이고 거의가 전신상이다. 일반 초상화에서
살아 있는 사람은 반신을 그리고 죽은 사람은 전신을 그린다는 설이
있지만 고승 진영이 이러한 관념에 영향을 받은 것으로는 보지 않는
다. 오히려 대상 인물의 모든 것을 표현하기 위하여 머리에서 발끝
까지를 그린 것이고, 그것이 반신만을 그리는 것에 비해 정중한
예우라고 인식했기 때문인 것으로 생각된다.

전신을 그린 고승 진영은 형식에 있어서 의자에 앉은 의자상(椅子
像)과 바닥에 가부좌를 하고 앉은 평좌상(平坐像)으로 나누어지며
곧게 서 있는 입상(立像)은 보이지 않는다.

부용당 영관 진영　부용당 영관(1485~1571년)은 벽송 지엄의 제자이며
청허 휴정의 스승이다. 의자 위에 가부좌한 상으로 배경에는 바닥과 벽면의
구분이 없다. 선운사 소장.

자세는 신체의 각도에 따라 정면상과 측면상이 있다. 안면(顏面)의 각도를 기준으로 하여 정면상인 10분면으로부터 9분면, 8분면, 7분면의 측면상으로 구분되는데 정면상은 통계적으로 볼 때 전체의 5분의 1이 채 되지 않는다. 측면상에서도 왼쪽 얼굴을 보인 좌안 7, 8분면상이 대부분을 차지하며 평좌상의 우안상은 극히 드물다. 평좌상은 조선 후기에 고정된 형식으로 좌안상이 대부분이어서 이것을 두고 고려시대에는 우안, 조선시대에는 좌안의 경향이 있었다는 지적이 있지만 그 원인을 찾아 보기는 쉽지 않다.

의자상은 평좌상에 비하여 앞선 시기에 나타나는 보편적인 형 35, 36쪽 사진 식이다. 의자상에는 발을 늘어뜨려 발판에 얹고 있는 형식과 의자 위에 가부좌한 형식이 있다.

의자 위에서 가부좌를 하고 있는 형식은 등받이가 없는 선상(禪床) 위에서 가부좌한 형식과의 관련을 생각할 수 있지만 자료의 부족으로 자세히 알아보기는 어렵다. 송광사의 16국사 진영 가운데 9점과 신륵사의 삼화상 진영 가운데 지공의 진영이 의자 위의 가부좌상이다. 의자상으로 된 고승 진영은 구도나 배경을 어떻게 설정하였는가에 따라 다음의 몇 가지로 분류할 수 있다.

첫째는 배경에 아무런 문양도 없는 의자상의 진영이다. 벽면과 바닥의 구분이 없이 같은 색으로 채색되어 있으며, 책상이나 병풍 또는 경전 등의 장식물도 없고 다만 주인공의 내면 심성 묘사에만 치중하고 있다. 의자상의 진영 가운데 가장 고식(古式)을 보여주는 것으로서 송광사의 16국사 진영, 동화사의 보조 지눌, 사명유정 진영, 선운사의 부용 진영, 동국대학교 박물관 소장의 환성지안 진영, 흥곡 정안 진영, 선암사의 호암 약휴 진영, 남장사의 38쪽 사진 진감, 나옹, 청허, 사명의 진영과 그 밖에 원효, 의상 진영 등이 여기에 속한다. 대개 17세기 말까지는 이러한 형식이 주류를 이루었던 것으로 생각된다.

홍곡당 정안 진영 홍곡당 정안은 18세기 중엽 선암사에서 주석한 인물이다. 이 진영은 현재 동국대학교 박물관에 소장되어 있다.

　둘째는 배경이 벽면과 바닥으로 구분되어 있으나 반분된 2단 구도는 아니고, 부분적으로 조각을 댄 듯한 돗자리로 깔려 있거나 암석, 수목 등 자연물을 배경으로 한 경우이다. 선암사의 도선, 대각 진영, 동국대학교 박물관 소장의 각진 복구(覺眞復丘) 진영, 선운사의 설파 상언의 진영이 여기에 속한다.

　셋째는 바닥과 벽면이 일직선으로 분명하게 구분되고 바닥에는
돗자리를 깔아 위아래의 2단 구도를 취한 진영이다. 18세기 후반부
터 평좌상의 바닥을 돗자리로 묘사하면서 2단 구도가 정착되었는
데, 그 이전의 의자상 진영을 다시 그리면서 정형화한 것으로 보인
다. 통도사의 자장 율사, 지공, 나옹, 무학의 삼화상, 청허, 사명, 기

허, 환성, 설송의 진영과 신륵사의 삼화상 진영, 마곡사의 청허, 사명, 기허 진영, 은해사 백흥암의 청허, 사명 진영, 동국대학교 박물관 소장의 사명 진영 등이 여기에 속한다.

넷째는 벽면과 바닥이 구분된 2단 구도로 되어 있으면서 배경에 병풍을 두르거나 의자 옆에 서안(書案), 경전(經典) 등으로 장엄되어 있는 진영이다. 화려한 색상과 문양으로 지나치게 장식적인 면을 지니고 있는데 이것은 앞선 시대의 의자상이 19세기에 와서 복고적으로 나타난 것으로 생각된다. 쌍계사의 동하 진영, 김룡사 대성암의 보월 진영, 동국대학교 박물관의 혜명 진영, 홍익대학교 박물관의 응운 진영 등을 들 수 있다.

그 밖에 의자상 가운데 주목할 수 있는 것은 여러 색으로 채색되어 있지 않고 흑색 바탕에 금니(金泥)로만 조성된 진영으로 형식이 특이한 것은 아니다. 선암사의 침명 한성(枕溟翰醒; 1801~1876년)과 그의 제자인 함명 태선(函溟太先; 1824~1894년)의 진영이 이러한 형식에 속한다.

한편 등받이가 있는 의자가 아닌 낮은 선상 위에 가부좌한 진영도 있다. 일본의 경우 홍법 대사상(弘法大師像), 근조 승정상(勤操僧正像) 등 선상에 앉아 있는 모습을 그린 진영이 12세기 후반까지 주류를 이루었는데 우리나라의 경우에는 자료가 적어 명확한 고증을 할 수가 없다.

41쪽 사진 선암사의 호암 체정(虎巖體净; 1687~1748년)의 진영이 선상 위의 가부좌상으로 드물게 보이는 상이다. 고려시대의 원묘 요세(圓妙了世; 1163~1245년)가 선상 위에서 가부좌한 채로 열반에 들자 그 모습을 즉시 그렸다는 기록이 있어 고려시대에 선상 위의 자세로도 진영이 조성되었다는 것을 알 수 있다.

18세기 후반부터는 의자상에서 바닥에 가부좌한 평좌상으로 전환된 형식이 나타난다. 진영 조성의 대상이 종파의 시조나 사찰 창건

호암당 체정 진영 호암당 체정 (1687~1748년)은 환성 지안의 제자로서 해인사, 통
도사, 선암사 등지에서 무수한 학인 들을 지도하였다. 드물게 보이는 선상(禪床) 위의
가부좌상이다. 선암사 소장.(왼쪽)
함명당 태선(1824~1894년) 진영 검정색 바탕에 금니 (金泥)로 그려진 의자상의
진영이다. 선암사 소장.(오른쪽)

낙운당 지일(17세기 말엽) **진영**
바닥에 가부좌를 하고 앉아 있지
만 팔걸이가 있는 등받이에 기댄
모습으로 그려진 진영이다. 통도
사 소장.(옆면)
능암당 세장 진영 배경에 의자
등받이 형상이 그려져 있고 앞면
에는 경전과 벼루가 놓여진 책상
이 있다. 1865년 제작. 동화사
소장.(왼쪽)

주, 사회적으로 인정받은 고승으로부터 각 지역으로 확산된 문중이
나 사찰의 고승으로까지 확대되어 그 수가 많아지면서 평좌상의
형식이 자리를 잡게 되었다. 이 평좌상은 대부분이 좌안상이며 정면
상이 몇 점 있지만 우안상은 극히 드물다. 배경과 장식물 등을 어떻
게 구성하였는가에 따라 다음의 몇 가지로 나누어 볼 수 있다.

첫째, 바닥에 가부좌를 하고 앉아 있지만 팔걸이가 있는 등받이에
기댄 모습의 진영이 있다. 이것은 의자상이 평좌상으로 전환되어
가는 과도기에 나타난 것으로 생각된다. 통도사의 우운 진희, 영파
성규, 동명 만우, 성담 의전, 성곡 신민 진영, 김룡사 대성암의 화악
지탁 진영 등이 팔걸이가 있는 등받이에 기대 앉은 모습으로 묘사되
어 있다.

이보다 좀더 단순화하여 팔걸이가 없이 의자 등받이 형상만이 묘사된 진영도 있는데 그 예는 통도사의 도암 우신 진영, 김룡사 대성암의 용암 찬연, 낙파 지수 계월당 진영, 청암사의 금명 오우, 귀암 대흔, 고암 태순 진영, 동화사의 능암 세장 진영 등이다.

43쪽 사진   이 가운데 성담 의전, 성곡 신민, 능암 세장의 진영에는 앞이나 옆에 경전이 놓여 있는 책상을 두고 있어 선종 불교와 경전의 가르침을 중시여기는 교종 불교가 융화하는 사회적 경향을 보여 주고 있다.

둘째, 의지물 없이 바닥에 가부좌한 진영이다. 대부분은 바닥에 돗자리를 깔고 앉아 벽면과 일직선으로 구분되는 2단 구도를 취하고 있다.

45쪽 사진   선암사의 만화 원오 진영은 바닥이나 배경에 아무런 시설물 없이 가부좌한 자세를 취하고 있고, 통도사의 화곡 계천, 월허 계청 진영, 김룡사 대성암의 화악 지탁 진영, 마곡사의 금화 성유 진영 등은 방석만을 깔고 앉아 있어 위아래 2단 구도로 되어 있지는 않다. 1786년에 조성된 통도사의 해송 관준의 진영은 돗자리를 바닥에 깔아 벽면 배경과의 2단 구도를 시도한 초기의 형식을 보여 준다. 곧 의자상에서 평좌상으로 전환된 직후의 아직 틀이 잡히지 않은 엉거주춤한 자세를 취하고 있다.

46쪽 사진   그 밖에 통도사의 추파 대명, 응암 희유, 경파 경심, 영한 종열, 우계 염일 진영 등과 청암사의 허정 법종, 회암 정혜 진영, 김룡사 대성암의 영월 찬증 진영, 법주사의 은곡 지영 진영, 대승사의 구담 전홍 진영, 용문사의 영파 성규 진영, 동화사의 인악 의점 진영, 고운사의 의산 정활 진영 등 거의 모든 사찰에 이러한 형식이 주류를 이루고 있다. 그리고 인물의 옆면이나 정면에 경전이 있는 책상을 두고 있는 진영도 있는데 앞의 것과 마찬가지로 선종과 교종의 융화 현상으로 생각할 수 있다.

만화당 원오 진영 만화당 원오(1694~1758년)는 환성 지안, 호암 체정에게서 법을
배웠으며 화엄의 이치에 통달하여 화엄보살이라고 불리웠다. 배경이 바닥과 벽면의
2단으로 구분되어 있지 않다. 선암사 소장.

兩宗大法師 凝庵堂信愈之眞

46 유형과 양식적 특징

셋째, 배경에 병풍을 둘러치고 경전과 책상, 서가, 필통 등으로 장엄한 진영이 있다. 여러 가지 물건과 다채로운 색상으로 치장하여 장식적인 면이 강하게 나타나고 있다. 김룡사 대성암의 성월당 진영, 통도사의 화악 태영 진영, 마곡사의 인월 지행 진영, 법주사의 연담 세홍 진영 등이 여기에 속한다.

넷째, 자연을 배경으로 한 진영이다. 돗자리나 방석이 깔린 정형화된 실내가 아니라 동굴이나 나무 밑 혹은 구름에 앉아 있는 모습으

밀암당 대엽 진영 자연 암벽 동굴을 배경으로 가부좌한 모습의 진영이다. 김룡사 대성암 소장.

로 묘사되어 있다. 김룡사 대성암의 윤파 평익 진영은 암벽 동굴을 배경으로 앉아 있는 모습으로 그려졌고 고운사의 송월 혜민(松月慧敏) 진영은 소나무와 달을 배경으로, 용문사의 와운 신혜(臥雲信慧) 진영은 구름을 배경으로 하여 각각 그들의 법호와 연관하여 그려졌다.

그 밖에 대상 인물의 모습을 그린 것이 아니라 다만 이름만을 쓴 위패도 있다. 김룡사의 농암 가위, 포담 부욱, 밀암 대엽 진영, 통도사의 묵암 법순 진영 등은 일반 진영과 비슷한 규격의 화면에 주위를 연꽃 등으로 장엄하고 가운데에 "○○大禪師○○之眞影"이라

49쪽 사진

농암당 가위 진영 이름을 쓴 위패로 진영을 삼았다. 자신의 게송이 적혀있다. 1895년작.김룡사 소장.

고만 쓰여 있다. 생존 때에 그 모습을 그려 놓지 못한 경우 상상만으로 진영을 조성하지 않고 명호를 쓴 위패로 대신하였던 것이다. 그 가운데 농암 가위의 진영은 그의 게송이 적혀 있어 사상의 일면을 표현하고 있다.

이상에서 현존하고 있는 우리나라 고승 진영의 형식과 그 구조를 살펴보았지만 여러 지역 사이의 격차에 주의해야 한다. 곧 형식이나 양식의 차이가 반드시 조성 연대의 차이를 보이고 있는 것은 아니라는 것이다. 각 지역의 절마다 그곳에 속한 화승들에 의하여 각각 다른 전통과 화풍을 가지고 표현되었기 때문이다.

진영의 전개와 양식적 특징

삼국, 통일신라시대 고승의 진영

불교 수용 초기부터 고승 진영은 조성되었으리라 짐작되지만 고대의 진영은 전해 오는 것이 없기 때문에 그 양식적 특징을 알아 보는 것도 대단히 어렵다. 삼국 및 통일신라대에 활약했던 승려 가운데 자장, 원효, 의상, 진감, 도선의 진영이 현재에 전해 오고는 있으나 당대의 양식을 보여 주지는 못한다.

자장(慈藏)의 진영

39쪽 사진 통도사의 개산조당에 봉안되어 있는 자장의 진영은 조선 후기의 양식적 특징을 보여 주고 있다. 이를테면 돗자리로 배경을 나눈 2단 구도에 좌안 8분면을 한 안면의 형용, 의자의 형태, 불자(拂子) 를 쥔 왼손의 모습, 바닥에 깔린 돗자리, 녹색과 적색을 주색조로 한 점 등은 적어도 이 시기 이전의 양식으로 보기는 어렵다.

통도사 자장 율사 진영의 화기(畵記)   1804년 풍오 스님의 증명하에 양공 계한과 화원 성인 등이 조성하였음을 알 수 있다.

이 진영은 1804년(純祖 4)에 풍오(豊悟) 스님의 증명과 양공(良工) 계한(戒閑), 화원(畵員) 성인(成仁) 등에 의하여 조성되었는데 봉안처인 개산조당이 1727년(英祖 3)에 건립되었으므로 현존 진영에 앞선 다른 진영이 있었던 것을 알 수 있다.

원효(元曉), 의상(義相)의 진영

통일신라기의 사상가이자 종교 운동가였던 원효와 화엄종의 대가였던 의상의 진영에 대해서는 일찍부터 기록에 보이고 있다.

고려 대각 국사 생존 때에 분황사에 원효의 진영이, 부석사에는 의상의 진영이 봉안되어 있었고, 이규보(李奎報)는 부안의 소래사 원효방에 봉안된 원효의 진영을 보았으며, 최자(崔滋)가 1229년 상주목사로 내려와 사불산(四佛山)에 가보니 옛 전당에 원효와 의상의 진영이 있었다는 기록도 있는데 이 진영들이 신라시대의 작품인지는 알 수 없다.

원효, 의상의 진영은 화기(畵記)가 없어서 그 내역은 알 수가 52, 53쪽 사진
없다. 본래 어느 절에 봉안되어 있었는지도 밝혀지지 않고 있다. 그렇지만 배경에 벽면과 바닥의 구분이 없고 장식도 없는 의자상으로 형식에 있어서는 고식이다.

원효의 진영은 우안 7분면상으로 오른손에 주장자를 비껴들었으며 의상은 좌안 7분면상에 왼손으로 역시 주장자를 비껴들어 서로 대칭을 이루고 있다. 자세뿐만 아니라 안면과 의습의 묘사, 의자의 형태, 녹색과 적색을 주색조로 사용한 점 등 여러 면이 같아 18세기 후반에서 19세기 초반 사이에 동시에 조성된 한 벌의 진영이라고 생각된다.

이들 진영의 모습이 실제 인물과 닮았다고 믿기는 어렵다. 대상 인물을 앞에 두고 그린 원본도 아니고 그것을 옮겨 그린 것으로도 보여지지 않아 다만 전해 오는 그들의 행적이나 성격을 염두에 두고 상상에 의해서 그려진 유형화된 인물화라고 할 수 있기 때문이다.

원효 조사(617~686년) 진영　소재 미상.

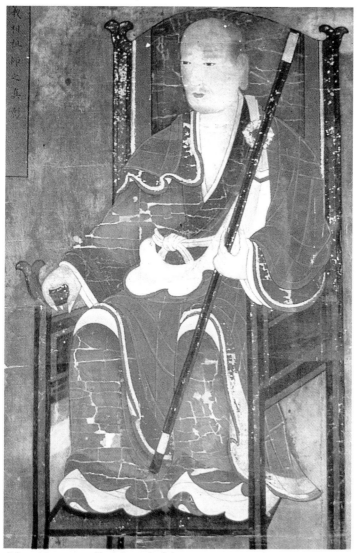

의상 조사(625~702년) 진영 소재 미상.

진감(眞鑑)의 진영

진감의 진영은 쌍계사와 남장사에 봉안되어 전해 오고 있다. 진감은 당나라에 유학하고 돌아와 쌍계사를 창건하고 육조(六祖)의 영당을 세운 고승으로 최치원(崔致遠)이 비문을 지은 그의 비석이 쌍계사에 있다.

1863년(哲宗 14)에 조성된 쌍계사의 진감 진영은 배경이 벽면과 돗자리로 구분된 화면에 우안 7분면의 의자상으로 묘사되어 있다. 꽃무늬가 있는 청색 장삼에 붉은색 가사를 걸치고 의자 위에서 가부좌를 하고 있으며, 양손을 앞으로 모아 선정인의 수인을 취하고 있다. 나뭇결이 선명한 통나무를 둘러친 듯한 의자의 형태가 특이하게 보인다.

진감 국사 진영 신라시대 선불교 수용에 기여하였고 쌍계사에 육조(六祖)대사의 영당을 세운 진감 국사의 이 진영은 선정인의 수인을 한 의자 가부좌상인데 의자 모습이 특이하다. 1863 년작. 쌍계사 소장.

달마 조사 진영 1812년에 남장사 7조사 진영의 하나로 조성되었다. 일반적인 달마상이 불균제(不均齊)의 미를 특징으로 한 것과 대조가 된다.

남장사의 진감 진영은 1812년(純祖 12)에 달마, 나옹, 청허, 사명, 소영(昭影), 환적(幻寂) 의 진영과 함께 남장사의 7조사 진영으로 동시에 조성되었다. 달마의 진영에 쓰여 있는 화기에 의하여 청파(青坡) 스님의 증명 아래 금어(金魚) 한암(漢庵) 등에 의하여 7점이 동시에 조성된 것임을 알 수 있다.

17쪽 사진

이 진영은 배경이 없는 전신 좌안 8분면의 의자 가부좌상으로 청회색 장삼에 홍색과 황색의 첩상 가사를 걸치고 있으며 오른손으로는 불자를 들고 왼손은 불자의 술을 잡고 있다. 이마 쪽의 머리가 여래의 나발처럼 말려 있으며 곧고 힘있는 눈매와 눈썹이 비상해 보이고 당당한 체구와 수염은 그의 위엄을 잘 나타내 주고 있다.

남장사에는 앞의 진감 진영과 더불어 1812년에 조성된 그곳의 7조사 진영 가운데 달마의 진영이 있어서 주목된다.

달마도는 심우도(尋牛圖)와 함께 선종 미술의 주류를 이루는 불화로서 제법 많은 수가 조성되어 전해 오지만 일반 고승과 같은 진영의 형식으로 조성된 예는 드물다.

55쪽 사진 잔잔한 물결 위에 띄워진 대나무 잎 위에 서 있는 입상으로 붉은 도포를 머리 위에서부터 내려 입고 있다. 눈매는 매우 날카롭지만 실제적이고 인간적으로 묘사되어 있다. 일반적인 달마상이 눈을 부릅뜨고 귀를 크게 표현하여 불균제(不均齊)의 미를 특징으로 한 것과는 대조가 된다.

연기(緣起)의 진영

구례 화엄사에는 신라 연기 조사의 진영이 봉안되어 있었다. 현재의 소재는 잘 알 수 없지만 촬영된 사진이 있어서 간접적인 고찰이 가능하다. 「화엄사 사적(華嚴寺事蹟)」에 의하면 "화엄사는 신라 진흥왕 5년(544)에 연기 조사에 의해 창건되었다"라고 전하고 있지만 진흥왕 당시의 사회 사정이나 불교계의 상황으로 보아 그 기록의 연대는 사실로 믿기 어렵다.

신라 백지 묵서 「대방광불화엄경」 사경(寫經; 775년, 호암미술관 소장)의 발원문에 보이는 황룡사 연기 법사가 그 주인공으로 8세기 중엽에 활동한 인물이다. 대각 국사 의천이 만든 「신편 제종교장 총록(新編諸宗教藏總錄)」에는 연기 조사가 찬술한 화엄 관계 저술이 여러 편 보이고 있어 그가 화엄종의 고승이었음을 알려 준다.

이 화엄사 소장의 연기 조사 진영은 현재 우리나라에 전하고 있는 고승 진영 가운데 가장 오래 된 형식과 기법을 보여주고 있어서 주목된다. 대각 국사가 화엄사의 연기 조사 진영에 예배하고서 지은 찬시가 그의 문집에 실려 있는 것으로 보아 11세기에도 화엄사에 연기 조사의 진영이 있었음을 알게 해준다. 얼마 전까지 그곳에 소장되어 있던 진영은 대각 국사가 예배했던 것이 아니고 후세에 옮겨 그려진 것이겠지만 옛 기법을 충실히 전해 주고 있다.

이 연기 조사의 진영은 안면 이목구비의 처리가 선 위주로 되어 있고, 의습의 처리에 있어서도 선염기(渲染氣; 화면에 물을 칠하고 마르기 전에 채색하여 번지는 묘미를 나타내는 화법)가 전혀 없다. 또한 원근법에 구애받지 않은 의자의 묘사와 선상(禪床)에 가까운 형태 등에서 고식을 보이고 있다.

도선 국사 진영 도선(827~ 898년)은 신라 하대의 선종 승려로 지리와 음양학에도 조예가 깊었던 고승이다. 이 진영은 1805년 화사 도일 비구에 의해 중수되었다. 선암사 소장.

도선(道詵)의 진영

신라 말 도선의 진영은 선암사와 도갑사에 전해 오고 있다. 도선은 신라 하대에 성행했던 선종 계통의 승려로 동리산문의 혜철(惠哲)에게서 법을 배웠으며 지리와 음양학에도 조예가 깊었다. 고려시대 이후에는 선승으로서보다도 풍수지리설의 대가로 더욱 유명해져 '도선비기(道詵秘記)'가 널리 유행하였다.

57쪽 사진 선암사에 있는 그의 진영은 대각 의천 진영과 같이 1805년에 화사(畵師) 도일(道日)에 의해서 조성되었다. 전신 좌안 7분면 의자상인 형식과 녹색과 홍색을 주색조로 사용하고 있음도 의천 진영과 같다. 오른손으로는 자연목의 주장자를 곧게 세워 잡고 왼손은 설법의 자세를 취하고 있으며 화면의 왼쪽에는 높은 탁자 위에 함(函)이 놓여져 있어 단순히 선승만은 아니었음을 짐작케 한다.

이상에서 현재에 전하고 있는 삼국, 통일신라시대에 활약했던 고승의 진영에 대하여 살펴보았지만 당시의 양식을 살펴보는 데는 대단히 부족하였다. 원본이 계속해서 옮겨 그려졌다고는 볼 수 없고 후세의 어느 시점에서 그에 대해 전해 오는 외모나 인품을 염두에 두고 상상하여 그려진 것이라고 할 수 있기 때문이다. 혹시 몇 차례에 걸쳐 옮겨 그려진 본이 있다 하더라도 원형의 손상은 불가피하였고 거기에 후대의 양식이 가미되었을 것이다. 뿐만 아니라 심성의 표현도 더욱 변화되었으리라 생각된다.

고려시대 고승의 진영

고려 왕조는 불교 이념으로 건국되었고 이후 계속해서 그 사상에 의해 주도된 사회였다. 따라서 불교 문화가 크게 융성하여 불화의 조성도 활발하였다. 형태는 위엄과 우아함을 잘 갖추었고 색채와 무늬는 화려하고 찬란하였다. 고승 진영도 위의 불화와 같은 경향을 띠었으리라 짐작되는데 당시의 작품이 현재에 전하는 것은 한 점도 없다.

봉암사 정진(靜眞) 대사 비문에 보면 그의 진영이 비단에 그려졌다고 했으며 고달사 원종(元宗) 대사 진영과 보원사 법인(法印) 국사 진영도 매우 공교하게 그려졌다고 그들의 비문에 기록되어 있다. 영통사에 있었던 대각 의천의 진영이 어떠하였는지는 잘 알 수 없지만 의천 스스로가 자신의 모습임을 인정하였다 하니 매우 사실적인 화풍으로 그려졌던 것 같다.

「동국이상국집」에는 성주산 조사 무염(無染) 진영과 사굴산 조사 범일(梵日)의 진영이 단청으로 꾸며졌다고 했다. 이상으로 보아 고려시대의 고승 진영은 당시의 일반 불화와 같이 밝고 화려하면서도 은은한 색조를 지닌 정교한 것들이었으리라 미루어 생각할 수 있다.

고려시대 승려의 진영으로는 선암사의 대각 의천, 동화사와 홍국사의 보조 지눌, 송광사의 16국사, 동국대학교 박물관 소장의 각진 복구, 보경사의 원각 마흘(圓覺摩屹), 원진(圓眞), 은해사 백흥암의 홍진(弘眞), 통도사, 신륵사, 선암사 등지의 지공, 나옹, 무학 진영 등이 전해 온다. 60쪽 사진

이들 진영은 분향 예배로 인하여 원본이 훼손되기 쉬웠으므로 덧칠을 하든지 다른 화면에 옮겨 그려질 수밖에 없었다. 따라서 원본이 후세에 전해질 가능성은 극히 적다. 그러나 고려시대의 진영은 신라의 자장, 원효, 의상의 진영처럼 상상에 의해 그려진 유형화된 진영과는 달리 비교적 원본을 충실하게 옮겨 그려진 것도 있으리라 생각된다.

고려시대 진영의 보편적인 형식은 전신 의자상이며 자세는 정면상보다는 좌안 또는 우안의 7, 8분면상이 많다. 발은 늘어뜨려 발판에 얹은 형식과 의자 위에 가부좌한 형식이 있으며 지물(持物)은

보조 국사 지눌 (1158~
1210년) 진영 동화사
소장.

불자나 주장자를 들고 있다. 짙은 설채(設彩)에 의한 가사와 장삼의
표현은 대부분 비슷하며 관모(冠帽)가 없어서인지 안모의 윤곽 처리
가 역력하게 드러나 있다. 이러한 대체적인 진영의 형식은 조선
왕조 초기까지 주도적으로 사용되었다.

원감 국사 충지 진영   원감 국사(1226~1292년)는 송광사의 제7세 조사
로 그의 시문이 「동문선」에 여러 편 실릴 정도로 문장에도 능하였다.
16국사 진영 가운데 하나로서 1780년에 그려진 것이다. 송광사 소장.

대각(大覺) 국사의 진영

선암사의 대각 의천 진영은 그곳의 응향각(凝香閣)에 봉안되어 있다.

의천은 고려 문종의 넷째 아들로 태어나 11세에 왕사(王師) 난원 (爛圓)에게 중이 된 후 영통사에 있으면서 15세에 승통(僧統)이 되었다. 30세에 송나라에 가서 화엄, 천태 등을 공부하고 돌아와서는 홍왕사에 있으면서 교장 도감(敎藏都監)을 두고 우리나라뿐만 아니라 요나라, 송나라, 일본 등지에서 경전을 수집하여 속장경이라고 불리는 「신편 제종교장총록(新編諸宗敎藏總綠)」 4740여 권을 만들어 불교 문화 발전에 크게 기여하였다. 그 뒤 천태종(天台宗)을 열어 불교계를 통합하려 하였으며 주전론(鑄錢論)을 주장하는 등 사회, 경제적인 면에서도 공헌한 바가 많은 대종교가이자 고려 불교의 중흥조이다.

63쪽 사진
선암사에 있는 그의 진영은 좌우 가장자리에 습기로 인한 얼룩이 있고 일부 굴곡진 부분의 훼손이 있으나 근래에 두루마리본을 액자로 표구하여 보존 상태는 비교적 양호한 편이다. 화면의 아래쪽 여백에 있는 화기(畵記)에 의하여 1805년(純祖 5) 7월에 화사(畵師) 도일(道日) 비구에 의해 중수(重修)된 것임을 알 수 있다. 원본이 언제 그려졌는지는 잘 알 수 없지만 앞 시대의 양식적 특징을 전해 주고 있는 당대의 수준작으로 생각된다.

이 진영은 전통 양식이라고 할 수 있는 전신 의자상에 오른쪽을 향하고 있는 좌안 7분면상이다. 흑갈색 가는 골격의 의자에 앉아 왼손으로는 긴 주장자의 중간을 잡고 오른손은 팔목에 염주를 낀 채 의자 손잡이를 잡고 있다. 사색에 잠긴 신비스러운 눈빛과 넓은 이마, 큰 귀, 다문 입에서 그의 학식과 수행자로서의 면모를 잘 보여 준다.

굵은 목과 가슴, 듬직한 체구에 녹색 장삼을 입고 홍색 가사를

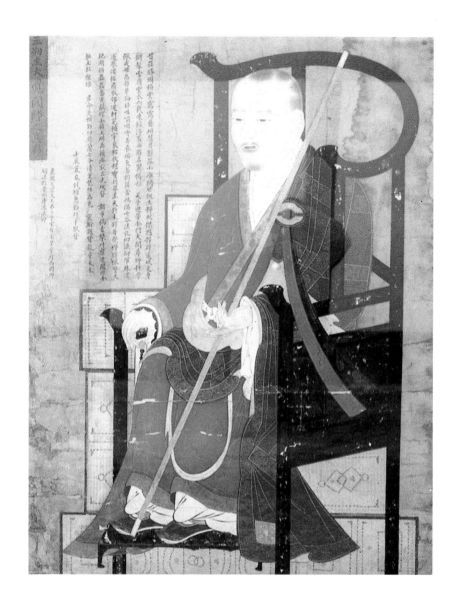

대각 국사 의천(1055~1101년) 진영 고려시대의 대종교가였던 대각 국사의 이 진영
은 1805년 화사 도일 비구에 의해 중수되었다. 선암사 소장.

걸쳤으며 가사는 금빛의 둥근 가사 고리로 매듭을 대신하였다. 가사와 장삼은 농담의 변화가 없는 짙은 채색과 약간의 선만으로 윤곽과 흐름을 묘사하고 있어 천의 질감을 느낄 수 없고 단조롭고 경직된 모습을 보인다.

의자는 송광사 보조 지눌의 것과 비슷하여 꽤 장엄한 편이다. 왼쪽 의자 팔걸이가 오른쪽의 것보다 훨씬 올라가 있고 또 발판이 공중에 떠 있는 것처럼 묘사되어 언뜻 불합리한 것처럼 보이지만 이것은 작자가 의도적으로 변화를 시도한 것이다. 관점을 한 곳에 고정하여 보지 않고 여러 곳에서 본 것을 평면에 구성한 것이며 먼 곳에 있는 것을 오히려 크게 묘사하여 소홀히 취급되는 것을 막기 위한 역원근법(逆遠近法)에 의한 것이라고 할 수 있다. 엷은 청록색 배경에 크기가 서로 다른 다섯 조각의 돗자리가 바닥에 깔려 있으나 마치 벽면에 세워진 것처럼 묘사된 것도 같은 방법으로 이해하여야 할 것이다. 이처럼 입체적인 형상을 다각도에서 관찰하고 그것을 평면에 재구성하여 변화를 시도한 작품이다. 조성 연대와 작자가 확실히 기록된 화기가 있을 뿐 아니라 임진년에 쓰여진 전당 혜근(錢塘惠勤)의 긴 찬문이 기록되어 있어 가치를 더해 준다.

보조 지눌(普照知訥) 등 16국사의 진영

송광사에는 보조 지눌을 비롯하여 2세 진각 혜심(眞覺慧諶), 3세 청진 몽여(淸眞夢如), 4세 진명 혼원(眞明混元), 5세 회당 자진(晦堂慈眞), 6세 자정(慈精), 7세 원감 충지(圓鑑冲止), 8세 자각 도영(慈覺道英), 9세 담당(湛堂), 10세 혜감 만항(慧鑑萬恒), 11세 자원(慈圓), 12세 혜각(慧覺), 13세 각암(覺嚴), 14세 복암 정혜(復菴淨慧), 15세 홍진(弘眞), 16세 고봉 법장(高峰法藏) 등 그 절을 중심으로 고려 후기에 활약했던 16인의 고승 진영이 국사전(國師殿)에 봉안되어 있다. 16점의 진영은 모두 규격이나 제작 기법이 동일하며 같은 시기, 같은 화가에 의해 그려진 대단위 작품이다.

화기(畵記)는 보조 국사의 진영 아랫부분에 기록되어 있고 그 밖의 진영에는 해당 시주자의 이름만이 적혀 있다. 화기에 의하면 이 진영들은 1780년(正祖 4) 4월에 응성 지호(應星旨顥) 스님이 증사(證師)가 되어 금어(金魚)인 쾌윤(快玧), 복찬(福粲)에 의해 중성(重成)된 것임을 알 수 있다.

1678년에 세워진 '송광사 사적비'에는 "절의 동쪽에 16선사의 영당(影堂)이 있다"라고 했으며 1621년에 쓰여진 「16국사 진영기(十六國師眞影記)」에도 "이 진영들이 1560년(嘉靖 39)에 조성되었다는 기록이 있는데 그렇다면 어찌하여 이리 쉽게 마멸되었겠는 가"라고 하고 있어 조선 전기 이래로 계속 옮겨 그려져 이어진 것으로 생각할 수 있다.

이들 진영의 형식은 모두 전신 의자상인데 의자 위에 가부좌한 것이 9점 있다. 지물로는 보조 국사가 주장자를 짚었으며 나머지는 불자를 들었거나 지물이 없는 경우 선정인(禪定印) 또는 설법의 자세를 취하고 있다. 복식은 장삼에 가사를 걸친 전형적인 승복을 입고 있다. 장삼은 비교적 단조로운 색조와 형태를 보이며 녹색을 주색조로 사용하고 있으나 홍진, 자각 국사가 분홍색의 장삼을, 진명, 혜감 국사는 청색의 장삼을 입고 있다. 철선으로 윤곽을 그리고 주름진 곳은 농담을 달리하는 색감의 효율성을 살려 안정된 느낌을 준다.

장삼에 비하여 가사는 매우 자유스런 문양과 다채로운 색상의 변화를 시도하고 있다. 본디 가사(袈裟)란 스님들이 기존의 복장에 덧대어 입는 종교복이다. 처음에는 시주해서 얻은 낡은 옷을 성한 부분만 오려 여러 조각을 이어 만들었으나 후대에 와서는 새 천으로 벽돌을 쌓듯이 이어서 만들었다. 그 조각의 세로 선을 조(條)라고 하며 가로 선을 이(里), 가장자리의 테두리를 난(襴)이라고 하는

데, 특히 이은 경계 부분을 다른 색 천으로 댄 것을 첩상 가사(貼相
袈裟)라 한다.

송광사 16국사 진영의 가사는 모두 첩상 가사로 색채의 다양한
배합과 적절한 면의 분할로 실재감 있게 표현되었다. 녹색, 적색
또는 황색, 흑색의 첩상 가사가 장삼과 조화를 이루며 진영에 활기
를 주고 있다. 안면의 묘사는 담백한 색조 위에 선으로 표현되는
백묘법에 의존하고 있다. 질량감을 나타내는 명암의 묘사는 전혀
되어 있지 않다. 관조하는 듯한 눈, 작은 입 등이 평면적이고 소극적
으로 표현되어 있다.

보조 국사 지눌은 잘 알려진 것처럼 한국 선(禪)을 확립한 고려
불교의 커다란 봉우리이다. 정혜 결사로 불교계의 자각 운동을 주도
하였고 나아가 많은 저술을 통해 선의 철학적 기초를 마련하여 한국
불교 발전에 크게 기여한 고승이다.

67쪽 아래 사진   그의 진영은 송광사의 제1세 국사답게 다른 진영들에 비하여
독특한 면이 있다. 유일하게 주장자를 짚었고 의자도 다른 것에
비하여 웅대하고 장식적인 미가 돋보이며 옆면에 조각된 화초도는
매우 사실적이다. 안면의 묘사도 대단히 개성이 강하게 표현되어
대종교가다운 심성이 잘 나타나 있다.

67쪽 위 사진   보조 국사의 진영은 동화사와 흥국사에도 봉안되어 있는데 얼굴
표정이나 앉은 자세, 의자, 주장자에 이르기까지 똑같아 한 원본을
옮겨 그린 것으로 생각되며 다만 장삼과 가사의 색상만이 약간 달리
표현되었다.

한편 백양사의 학조(學照) 대사 진영이 보조 진영과 대단히 비슷
하여 연관 관계를 생각할 수 있으나 학조 진영은 의자상이면서 벽면
과 바닥이 나누어진 2단 구도로 되어 있어 조선 후기의 양식을 보여
주므로 전통 양식과 혼용되어 조성된 예라고 생각된다.

보조 국사 지눌의 진영(부분)　동화사 소장본(위), 송광사 소장본(아래)

각진 복구(覺眞復丘)의 진영

69쪽 사진 각진 복구(1270~1355년)의 진영은 현재 동국대학교 박물관에 소장되어 있는데 그도 고려시대에 활약했던 인물이다. 송광사에서 오랜 기간 동안 수도와 교화를 하였으며 공민왕 때에는 왕사(王師)가 되었던 고승이었다. 그의 진영은 1825년(純祖 25) 1월 선운사 내원암에서 화원(畵員) 장유(壯愈)가 조성하여 백양산 정토사로 옮겨졌다고 화기에 밝혀져 있다.

형식은 전신 좌안 7분면의 의자상이며 왼손으로 불자를 들어 왼쪽 어깨에 기대게 하였으며 오른손은 의자 손잡이를 가볍게 쥐고 있다. 특이하게 바위 절벽과 소나무가 배경으로 그려져 양식상 주목된다. 흑갈색의 높고 큰 의자와 바닥의 부분만을 깐 돗자리가 자연과 잘 어울린다고 할 수는 없지만 자연 속에서의 사유를 통한 진실된 절대 세계로 접근하려는 심성의 묘사가 돋보인다. 두상은 작지만 안온하고 자상한 느낌을 주며 단정한 자세에서도 그의 성품을 잘 보여 주고 있다.

비문에 "사람됨이 과묵하여 수다스럽지 않고 맑고 순박하며 단정, 평온하고 곧고 정성스럽다. 이마는 푸르고 눈썹은 반만 희며 입술이 붉고 이가 희어서 멀리서 보면 깨끗하기가 신선과 같고 가까이 나아가면 온화하기가 부모와 같다"라고 쓰여 있으니 그러한 그의 성품과 모습이 잘 표출되어 있다고 생각된다. 검정색 깃을 단 청색의 장삼은 탈락이 심하여 윤곽만을 알 수 있는 정도이고 홍색의 가사에는 화려한 문양이 들어 있다.

공민왕은 그를 왕사로 책봉한 뒤 그의 진영을 조성하여 예를 거행하고 이제현(李齊賢)으로 하여금 찬문을 짓게 하여 그가 머무는 불갑산으로 보냈다는 기록이 있는데 두 진영의 관계는 확인할 수 없다. 그러나 경직된 의습과 색상의 부조화에서 오는 진부함, 바닥에 깔린 돗자리 등의 요소는 조선 후기의 양식을 보여 주고 있다.

각진 국사 복구 진영 송광사에서 오랜 기간 동안 수도와 교화에 힘썼고, 공민왕 대에 왕사로도 활약했던 각진 국사(1270~1355년)는 그 성품이 과묵하여 수다스럽지 않고 맑고 순박하며 곧고 정성스러웠다고 한다. 이 진영은 1825년 선운사에서 화원 장유가 조성하였는데, 자연과 더불어 사유에 잠긴 고승의 면모와 그의 성품이 잘 표현되어 있다. 동국대학교 박물관 소장.

지공, 나옹, 무학의 진영

지공, 나옹, 무학 등 삼화상은 고려 말에 활약한 선승(禪僧)들로서 지공은 나옹에게 의발을 전하고 나옹은 또 무학에게 전하여 사자상승의 관계에 있는 일가(一家)였다.

지공은 호승(胡僧)으로서 충숙왕대에 고려에 들어와 당시 불교계에 신선한 충격을 주었으며 그 뒤 원나라로 돌아가 고려인이 지은 법원사에 주석하면서 많은 고려 승려들을 지도하였다.

나옹은 20세에 출가한 후 회암사에서 깨달은 바가 있었으며 원나라에 들어가 지공을 뵙고 그의 법을 이어 받았다. 귀국한 뒤에는 공민왕의 왕사가 되어 활약하는 한편 간화선(看話禪)의 기반을 다진 고승이었다.

무학은 18세에 출가하여 공민왕대에 원나라에 건너가 지공과 나옹을 만나 가르침을 받고 귀국하였다. 그 뒤 나옹으로부터 의발을 전해 받았으나 고려 말년에는 일체의 일을 사양하고 자취를 감추었다가 조선 왕조가 개창되자 태조 이성계의 왕사가 되어 그를 도운 공이 있었다.

이들 삼화상은 고려 후기의 사회적 모순과 불교계 내부의 갈등을 잘 인식하고 있었으며 그것을 개혁하고자 하는 의지를 보였던 고승들이었다. 그러므로 조선시대 억불의 분위기에서도 이들 삼화상은 조사 신앙의 대상이 되어 여러 곳에 진영이 모셔진 것으로 보인다.

삼화상의 진영은 세 분이 함께 제작된 경우가 보통이다. 통도사, 신륵사, 선암사, 회암사, 불암사 등지에는 세 분의 진영이 모두 봉안되어 있다. 지공만이 단독으로 조성 봉안된 예는 없으며, 나옹은 남장사에, 무학은 은해사 백흥암에 따로 봉안되어 있기도 하다. 처음에는 나옹 또는 무학 진영이 따로 봉안되었으나 조선 전기 삼화상이 조사 신앙의 예배 대상으로 받들어지면서 함께 봉안하는 경향이 유행한 것으로 보인다.

71쪽 사진

지공(?~1363년), 나옹(1320~1376년), 무학(1327~1405년) 진영   이들 삼화상은 고려말의 사회적 모순과 불교계의 갈등을 바르게 인식하고 그에 대한 개혁 의지를 가졌던 선승들이었다. 조선시대 억불의 분위기에서도 조사 신앙의 대상으로 예배되어 전국의 여러 곳에 진영이 모셔졌다. 이 진영은 1904년 선암사에서 조성 봉안된 것이다.

　　통도사의 삼성각에 봉안되어 있는 삼화상 진영은 1807년(純祖
7)에 서봉 인총(西奉印摠)의 증명하에 양공(良工) 의윤(義允)이
조성하였다. 전신 좌안 8분면상의 지공을 중앙에 안치하고 그 왼쪽
에 중앙을 향하게 한 좌안으로 나옹을, 오른쪽에는 우안의 무학을
한 화폭에 그린 진영이다. 연한 갈색의 벽면과 미색 돗자리로 반분
된 화면에 녹색 장삼과 홍색 가사를 모두 착용하고 있어 녹색과
홍색이 주색조를 이루고 있다.

지공, 나옹, 무학 진영 이 삼화상 진영은 1807
년 서봉 인총의 증명하에 양공 의윤이 조성하였
다. 나옹과 무학의 모습이 똑같은 것은 조사
신앙의 예배 대상으로 유형화된 진영이기 때문
이다. 통도사 소장.(옆면, 왼쪽)

나옹과 무학은 한 가지 본을 좌우만 바꾸어 놓은 것처럼 표현
기법이 동일하여 이름이 쓰여 있지 않으면 구별이 전혀 안 될 정도
이다. 곧 대상 인물을 앞에 두고 그린 것이 아니라 조사 신앙의 예배
의 대상으로 유형화된 진영이라고 할 수 있다.

삼화상 진영은 지공을 중심으로 묘사하여 좌우의 나옹, 무학 진영
과는 구별되는 점이 많다. 장삼의 색이 두 진영은 녹색인데 비해
군청색이고 속에 받쳐 입은 옷이 흰색이 아니라 자주색이며, 지물로

나옹왕사 혜근 진영 이 나옹(1320~1376년)의 진영은 남장사 7조사 진영의 하나로 1812년 금어 한암 등에 의해 조성되었다. 남장사 소장.

주장자가 아닌 불자와 염주를 들고 있다. 의자의 형태도 지공의 것은 직선적이며 등받이 색도 녹색으로 달리 채색되어 있다. 또 지공은 머리에 관(冠)을 쓰고 있다. 금석문에 지공의 풍모에 대하여 "변발(辮髮)에 수염을 길러 신기(神氣)가 가득 차 있으며 당당한 위엄을 갖추었다"라고 전하고 있어 원나라 풍습인 변발을 하고 있었음을 알 수 있다. 뒷머리를 땋은 모습이 우리나라 풍습에 맞지 않아 관을 썼던 것으로 생각된다.

삼화상 진영은 모두 색채 감각이 뛰어나고 장식적인 면에 세심한 주의를 기울였으나 도식적으로 묘사되었고 내면의 심성 표출보다는 미적 표현에 치중하고 있다.

신륵사의 조사당에도 삼화상의 진영이 봉안되어 있다. 신륵사는 나옹이 입적한 곳으로 그의 부도와 비석이 있다. 1371년(恭愍王20)에 왕사가 된 나옹은 잠시 송광사에 머물다가 이듬해 가을에 회암사로 옮겨 갔다. 그는 "삼산양수지간(三山兩水之間)에서 불법을 펴면 흥하리라"는 스승 지공의 가르침을 생각하고 회암사를 크게 중수하였다. 1376년 4월에 낙성회를 크게 베풀었는데 신도들이 생업을 폐지하면서까지 주야로 몰려들자 조정에서는 나옹을 밀양 영원사로 이주하도록 명을 내렸다. 나옹은 밀양으로 가던 도중 신륵사에서 입적하였다. 신륵사는 나옹이 그곳에서 입적함으로써 유명해지게 되었다. 그의 제자인 지선(志先)의 말처럼 회암사는 부처님이 설법하던 기림(祇林)과 같다면 신륵사는 부처님이 열반하신 쌍림(雙林)에 비길 만하다.

나옹이 입적하고 나서 몇 개월이 지나 신륵사의 북쪽 언덕에 그의 사리를 봉안한 석종(石鐘)이 세워졌고, 이색(李穡)이 글을 지은 비석도 이루어졌다. 이와 때를 같이 하여 나옹의 진영을 모신 선각 진당(禪覺眞堂)이 건립되었다.

이 진당을 세우는 일을 맡았던 제자 지선은 "뒷날 이 사리에 예배하는 사람들은 우리 스승의 모습을 알 길이 없을 것이다. 그의 도를 흠모하면서도 얼굴과 거동이 어떠하였는지를 모른다면 귀의하고 숭배하는 마음이 반드시 만족하지는 못할 것이다. 그의 풍모를 우러러보고 물러가서는 그 사리탑을 보면서 기뻐하고 사모한다면 어찌 깨달아 감화받는 바가 없겠는가, 이것이 진당을 지은 까닭이다"라고 밝히고 있다. 그리고 그 진당 안에는 이색이 지은 다음과 같은 진당시(眞堂詩)가 걸려 있었다 한다.

현묘한 도가 있다고 하리 없다고 하리/아아 저 화상은 다른 사람과 어디가 다른가/늠연히도 빼어난 그 모습 하늘이 이루었네/여기에 와서 절하는 이 있으면 그 목소리 듣는 것 같으리.

지금 신륵사에 봉안되어 있는 나옹의 진영은 화기가 전하지 않아 자세한 내역을 알 수 없으나 입적 직후에 그려져 봉안된 것은 아닐 것이다. 현존하는 삼화상 진영은 비록 세 폭으로 되어 있지만 규격, 색상, 구도 등으로 보아 함께 제작된 것이 분명하다.

벽면과 바닥이 구분된 2단 구도의 전신 의자상으로 청회색과 홍색이 주색조를 이루고 있다. 다른 절의 삼화상 진영처럼 지공은 머리에 관을 쓰고 있으며 나옹과 무학의 진영은 대칭을 이룬듯 자세와 의복, 얼굴 인상까지 거의 비슷하다. 바닥에 깔린 돗자리 및 표현 기법 자체는 조선 후기의 양식을 보여 주고 있다. 안면의 묘사는 고승의 내면으로부터 우러나오는 심성의 표현과는 거리가 있어 보이며, 오히려 숱이 많은 눈썹과 콧수염 등에서는 상상적인 불화에서의 나한을 보는 듯하다. 이 점은 의습의 처리에서도 마찬가지인데 색상과 주름진 곳의 묘사에 있어서 현실적인 요소를 찾기가 어렵다. 그러나 장식적인 효과는 커서 의자의 형태와 뒤에 드리워진 천, 가사의 매듭 등은 매우 정교하게 그려졌다.

선암사의 삼화상 진영은 화면을 구분하지 않고 한 화폭에 세 분을 의자상으로 조성하였으며 1904년에 봉안되었다. 중앙의 지공은 정면상으로 역시 머리에 관을 썼고 화려한 문양이 있는 가사를 마치 가운처럼 두 어깨에 걸쳤으며, 나옹과 무학은 망건을 쓰고 있어서 특이하다.

조선시대 고승의 진영

조선 전기에는 억불의 시대적 조류로 인한 불교계의 위축으로 말미암아 진영의 조성도 활발하지 못하였다. 간간이 조성되었다 하더라도 임진왜란과 병자호란을 거치면서 다른 많은 문화재와 더불어 진영도 수난을 당하여 정확한 당시의 조성 연대를 가진 진영은 찾아보기 어렵다. 서산 스님의 문집인 「청허당집(淸虛堂集)」에

벽송당 지엄, 경성당 일선(1488~1568)의 진영 목판 아랫부분에는 찬문이 쓰여 있
다.

청허, 사명, 뇌묵의 진영 임진왜란 때 구국에 앞장섰던 청허 휴정, 사명 유정, 뇌묵 처영, 기허 영규 등의 진영은 전국적으로 봉안되었다. 1794년(정조 18)에는 왕명으로 대흥사의 표충사(表忠祠), 묘향산의 수충사(酬忠祠) 등 국가적 추모관을 지어 이들의 진영을 봉안하고, 승려로서 총섭을 임명하여 그 일을 맡게 했다. 개인 소장.

벽송 지엄, 경성 일송, 부용 영관의 진영에 대한 기록이 전해 오는데 그 가운데 벽송 지엄의 진영이 경남 함양의 벽송사에, 부용 영관의 진영이 선운사에 봉안되었다.

벽송 지엄(碧松智儼) 진영

벽송 지엄(1464~1534년)은 28세에 출가한 뒤 벽계 정심(碧溪正心)에게 인가를 받은 선승으로 경성 일송과 부용 영관 등의 제자를 두었는데 부용 영관은 서산 휴정의 스승이다. 벽송사의 이 진영에는 서산의 찬문이 쓰여 있는데, 이 진영은 서산이 예배했던 것이 아니고 후대에 옮겨 그려진 것으로 생각된다.

전신 좌안 7분면의 의자상으로 왼손에 불자를 들고 오른손은 의자 손잡이를 가볍게 쥐고 있다. 회색 장삼에 홍색 가사를 둘렀으며, 의자의 형태나 바닥에 깔린 돗자리 등은 조선 후기의 양식을 보여 주고 있다.

청허 휴정(淸虛休靜) 진영

임진, 병자의 양란으로 전국은 폐허되었고 불교계가 입은 피해도 대단하였다. 그러나 그 피해를 복구하면서 많은 사찰이 중건 또는 중창되는 등 새로운 부흥기를 맞게 되었다. 대웅전 등의 건물과 아울러 불상 및 불화도 큰 복원 수리가 이루어져 지금 전하고 있는 것들 가운데 상당수가 이때에 조성되었다.

이러한 분위기 속에서 진영의 조성도 활기를 띠었다. 특히 의승군을 이끌며 국난 극복에 앞장섰던 서산 청허, 사명 유정, 기허 영규 등의 진영은 전국적으로 봉안되었다. 조정에서도 표충사, 대흥사 등지에 국가적 추모관을 세웠다. 이러한 상황은 억제되었던 조선 불교계에 활력을 불어 넣어 주었으며 좁아졌던 기반을 넓힐 수 있는 기회가 되었다.

한편 서산 스님의 선교(禪敎) 통합 운동과 조파(祖派) 체계 수립으로 당시의 많은 승려들이 그 문중으로 들어가게 되었고 진영의 조성도 그들이 중심이 되었다.

임진왜란 이후인 17세기부터 18세기 중반까지는 좌안 옆면의 의자상이 주류를 이루며 벽면과 바닥의 구분이 없는 전통적 구도에 화면이 가득 채워져 공간이 적은 형식의 진영이 많이 그려졌다. 좌안의 의자상은 일반 초상화의 경우에도 16세기 중엽부터 17세기 후반에 걸쳐 정착되고 있다.

서산 대사라고 불리는 청허 휴정(1520~1604년)의 진영은 현재에 전하는 것만도 10점이 넘는다. 그는 성균관에서 공부하다가 불교에 뜻을 두고 20세에 출가하여 부용 영관에게 인가를 받았다. 30세에 선과(禪科)에 급제한 뒤 차례로 승임하여 양종 판사(兩宗判事)가 되었다. 임진왜란이 일어나자 8도 도총섭(八道都摠攝)이 되어 73세의 노령으로 승병 1500여 명을 규합하여 총수가 되어 나라를 구하는 데 공을 세웠다. 그러나 그의 승려로서의 비중은 임진왜란에서의 공훈보다도 교(教)를 선(禪)의 과정으로 보고 선종에 교종을 포섭, 융화시킨 데 있으며 "유, 불, 도가 궁극적으로는 일치한다"라고까지 주장한 사상가로서의 면모도 소홀히 해서는 안 된다.

현존하는 그의 진영 가운데 당대의 것으로 볼 수 있는 것은 없다. 그가 입적하기 전에 자신의 진영에 대하여 "80년 전에는 저것이 '나'이더니 80년 뒤에는 내가 곧 저것이구나"라고 말했다 하니 생존 때의 진본이 있었는데, 현존하는 진영들은 얼굴의 인상뿐 아니라 구도나 형식까지도 모두 달라서 원본을 찾기가 쉽지 않다.

81쪽 사진　통도사의 서산 진영은 화기는 없으나 영조 때 영의정을 지낸 조현명(趙顯命 ; 1690~1752년)의 찬문이 쓰여 있다. 돗자리로 배경이 구분된 2단 구도에 몸은 왼쪽 부분을 보이고 있으나 얼굴은 정면을 한 의자상이다. 청회색 장삼에 붉은 가사를 걸치고 있으며 왼손은 불자를 잡고 오른손으로 그 술을 가볍게 만지고 있는데 얼굴은 무척 인자하게 묘사되어 있다.

마곡사, 대흥사, 표충사, 은해사, 갑사 등지에 봉안되어 있는 그의 진영도 모두 마찬가지로 승병 지도자로서의 면모는 찾을 수 없고 자상하고 덕망이 높은 고승의 모습으로서 용맹스러움보다는 법력으로 교화한 그의 생애까지도 짐작하게 해준다.

사명당 유정(1544~
1610년) 진영 늠름
한 기백과 충정어린
기상이 활달한 필치
로 묘사되어 있다.
동화사 소장 (오른
쪽), 은해사 백흥암
소장.(옆면)

사명(泗溟) 진영

사명 유정(1544~1610년)의 진영도 현재 10여 점에 이르며 대개
는 서산의 진영과 함께 봉안되어 있다. 그 가운데에 동화사의 진영
은 늠름한 기상이 잘 응집되어 있고 활달한 필치로 묘사된 격조
높은 작품이어서 주목된다. 그리 크지는 않지만 단단하게 생긴 두
상, 날카롭게 치켜 뜬 눈, 큰 코와 귀 등 한 곳도 빈틈이 없어 충정
어린 승장의 기상이 잘 나타나 있으며, 짙고 풍성한 턱수염은 가슴
을 덮고 있으며 두터운 어깨에서도 장군다운 기백을 여실히 보여
준다.

전신 좌안 7분면 의자 가부좌상으로 오른손은 불자 손잡이를 잡고 왼손은 그 술을 잡아 무릎 위에 올려 놓고 있다. 흰색의 장삼은 은은하면서도 품위가 있어 보이고 옷자락과 주름의 필선도 간결하며 탄력성이 있다. 그에 비하여 가사는 붉은색인데 문양이 섬세하고 화려하여 성직자의 절대적 권위를 잘 나타내 주고 있다. 화면의 오른쪽 하단에 "가경(嘉慶)……"으로 시작되는 세 줄의 묵서가 있으나 다른 것을 덧대어 붙였다가 떼어낸 자국이 있어 잘 읽을 수는 없다. 글씨체나 위치 등으로 보아 후대에 쓰여진 것 같다.

은해사 백흥암의 사명 진영은 드물게 보이는 정면 의자상이다. 의자는 별다른 장식이 없이 간결하나 등받이 부분은 좁고 앞부분을 대각선으로 넓게 벌려 둘러친 듯한 삼각 구도의 특이한 형태이다.

동국대학교 박물관 소장본도 날카로운 눈매와 풍부한 수염, 소매를 걷은 손 등에서 승장으로서의 엄격함과 용맹스러움을 나타내고 있다. 엷은 갈색 배경에 청, 녹, 적색이 주색조를 이루고 있으며 의습 등이 대단히 화려하여 장엄에 치중하고 있음을 알 수 있다.

17세기 말엽부터 18세기로 접어들면서는 점차 개성있는 인격의 묘사를 전제로 하는 화풍이 고조되어 사실적인 진영이 많이 조성되었다.

지방으로 확산된 문중에서 법계 혈맥(法系血脈)의 생각이 높아짐에 따라 하등의 이상화도, 장엄도 덧붙여지지 않은 그대로의 모습을 전하려고 하였기 때문이다. 또한 대상 인물을 앞에 두고 그렸거나 본 기억을 가지고 그렸기 때문에 그 이전 인물을 상상에 의해 유형화하여 그려진 것들과는 달리 매우 개성적이다.

동국대학교 박물관에 있는 침굉 현변(枕肱懸辯; 1618~1686년)의 진영은 현재 상반신만이 남아 있다. 침굉은 서산의 제자인 소요 태능(逍遙太能)으로부터 법을 받은 학승이다. 좌안 8분면의 얼굴은 거의 원형에 가까워 후덕하고 원만한 모습이나 직시하는 날카로운 눈매나 유난히 큰 코와 귀, 굳게 다문 입에서 수행자의 결연한 의지도 보이고 있다. 핵심을 이루는 안면의 묘사는 세밀하지 않고 윤곽만을 나타내었으나 심성의 전달은 충분하게 되어 있다.

선암사에는 침굉의 제자 호암 약휴(護巖若休; 1664~1738년)와 화엄학으로 이름이 높았던 환성 지안(喚惺志安; 1664~1729년), 그 제자 호암 체정(虎巖體净; 1687~1748년) 또 그 제자 만화 원오(萬化圓悟; 1694~1758년) 등 18세기 전기에 활약한 사제간의 진영 4점이 봉안되어 있다.

침굉당 현변(1616~1684년) 진영   청허 휴정의 제자인 소요 태능으로부터 법을 받은
학승이다. 얼굴은 원형에 가까워 후덕하고 원만한 모습이지만 꿰뚫어 보는 눈매에서
수행자의 결연한 의지를 느낄 수 있다. 동국대학교 박물관 소장.

호암 약휴와 환성 지안의 진영은 의자상이며, 호암 체정은 선상 위의 가부좌상이고 만화 원오는 바닥의 가부좌상이어서 형식상으로는 서로 다르다. 그러나 바닥과 벽면의 구분이 없이 연한 갈색으로만 채색되어 있으며 표현 기법에 있어서 고식을 보여 주고 있다. 안면의 묘사도 윤곽만을 최소한의 선으로 개성을 살려 심성을 표현해 내고 있다.

87쪽 사진
통도사에 있는 환성 지안의 진영은 대단히 화려하고 장식적이다. 벽면과 의자 등받이에까지 문양이 그려졌으며 색상의 강한 대비 등 지나치게 장엄하고 있다. 전체적 구도의 안정감이 있으나, 안면의 표정이 굳어 심성 표출을 중시여기는 초상화와는 거리감이 있다.

호암당 약휴(1664~1738년) **진영** 침굉 현변의 제자로 경전 공부도 부지런히 하였으며 계율을 엄히 지켰다. 선암사 소장.

喚惺堂大和尚真

환성당 지안(1664~1729년) 진영　통도사 소장.

19세기 초에 조성된 것으로 보이는 일봉 우민, 응암 희유, 경파 경심의 진영과 색감, 의습의 형태, 표정 등이 같아 그 시기에 제작된 것으로 생각된다.

18세기 후반에 오면 의자상에서 바닥에 가부좌한 상으로 전환된 형식의 진영이 조성된다. 그런 평좌상이 그려지면서 벽면과 바닥이 나뉘는 2단 구도가 형성되었다. 바닥을 장식하는 돗자리가 묘사되기 시작하였고 벽면에는 문양을 그려 넣기도 하였다.

색상도 앞 시대의 은은한 것에 비해 녹색, 홍색, 청색이 강한 대비를 보여 무겁고 두텁게 느껴진다. 의습의 처리는 선에 의한 처리보다도 색채의 농담으로 굴곡을 나타내어 다채로워졌고 장식적인 면이 치중되어 가사와 소매 끝에 화려한 문양이 들어가기도 했다.

89쪽 사진　통도사에서 1750년대에 활약했던 화곡 계천(花谷誡天)과 월허 계청(月虛戒淸)의 진영은 의자상에서 평좌상으로 전환된 초기의 양식을 보여 준다. 바닥에 돗자리를 깔아 일직선으로 구분된 2단 구도를 취하지는 않으나 조금은 엉거주춤한 자세로 앉아 있어 의자상에 적용되었던 자세의 형태가 남아 있다.

90쪽 사진　1786년에 조성된 행적 미상의 해송 관준(海松寬俊)의 진영은 돗자리를 깐 초기의 형태를 보여 준다. 돗자리는 화면의 4분의 1 정도만 깔고 적갈색 벽면이 큰 비중을 차지하고 있으나 바닥과 벽면이 일직선으로 구분된 2단 구도의 선례이다. 자세가 아직 불안정하여 정착된 형식을 보여 주지는 못하고 있다. 왼손은 대각선으로 가로지른 주장자를 잡고 있으며, 의도적으로 비스듬히 묘사된 경전이 놓인 책상은 외면한 채 눈을 가늘게 뜨고 사유에 잠긴 모습에서 그의 의지를 엿볼 수 있다.

91쪽 사진　1801년에 조성된 행적을 알 수 없는 추파 대명(秋坡大明)의 진영은 평좌상 형식이 어느 정도 안정된 모습을 보이고 있다. 어두운 색조를 사용하면서도 흑갈색과 주황색의 조합, 옷주름의 세련된

월허당 계청(18세기 중엽) 진영   통도사 소장.

해송당 관준 진영 1786년 작. 통도사 소장.

추파당 대명 진영 1801년 양공 옥인 작. 통도사 소장.

慶坡堂敬審大師真

경파당 경심(18세기 말엽) 진영 통도사 소장.

기법으로 장중함과 산뜻함을 아울러 느끼게 한다. 경전이 놓인 책상의 안정된 구도, 방석의 유연한 선, 가사끈의 조화로운 색상 등이 전체적 분위기와 잘 맞아 작자 옥인(玉仁)의 뛰어난 솜씨를 알 수 있다.

옥인은 통도사의 시왕도(十王圖 ; 1775년 작)와 미륵불도(彌勒佛圖 ; 1798년 작)도 조성한 화승이다. 그런데 이 추파 대명의 진영은 응암 희유(凝庵僖愈 ; 1730~1760년대 활약), 일봉 우민(日逢遇旻 ; 1725~1799년), 경파 경심(慶坡敬審 ; 1750~1790년대 활약)의 진영과 형식, 표현 기법이 비슷하여 주목된다. 92쪽 사진

좌안 7분면의 자세, 경전이 놓인 책상의 형태, 왼쪽 어깨에 걸친 가사의 모습, 주장자를 쥔 손, 방석의 모양, 옷주름의 처리에 이르기까지 거의 같다. 이러한 묘사는 앞의 환성 지안의 진영과도 친연성이 보여 모두 옥인의 작품이 아닌가 생각된다. 그러나 가사와 장삼이 지나치게 치장되어 있고 안면도 도식적으로 표현되었다.

통도사에 봉안된 행적을 알 수 없는 영한 종열(永閑宗悅)의 진영은 1805년 제한(濟閑)이 조성하였고, 우계 염일(友溪念一)의 진영은 1835년 우영(佑英)과 화혜(和惠)가 조성하였는데 형식과 의습의 묘사, 색채, 운용 방법 등이 서로 비슷하다. 모두 농담의 변화가 없는 색과 선의 흐름만으로 표현되어 있다. 94쪽 사진

영한의 진영은 장대한 풍모에 어울리는 원만상이며 꼭 다문 작은 입과 가는 눈매에서 인자하면서도 철저한 수행자의 면모를 느낄 수 있고, 우계의 진영은 약간 웃는 듯한 붉은 입술과 주름진 눈가의 표정에서 친근한 인상을 갖게 하지만 대각선으로 가로지른 주장자를 힘있게 잡은 손과 굵은 염주에서 그의 강직한 면도 아울러 느끼게 한다. 95쪽 사진

19세기 초기에 법력과 교화로 이름이 높았던 화악 지탁(華嶽知濯 ; 1750~1839년)과 그의 제자 화담 경화(華潭敬和 ; 1786~1848년)

의 진영은 여러 점이 전해 오고 있다.

98쪽 사진   화악의 진영은 통도사와 김룡사 대성암 등지에 봉안되어 있는데 한 원본을 옮겨 그린 것은 아니나 서로 닮은 정면 평좌상이며, 특히 대성암의 본은 대단히 사실적이고 개성이 뚜렷하다.

화담의 진영은 통도사, 김룡사 대성암, 대승사, 표충사 및 국립중앙박물관 등지에 전해 온다. 모두가 한 원본을 옮긴 듯 똑같은데, 경전이 놓인 책상을 앞에 두고 얼굴은 내민듯 약간 숙이고 있는 노승의 안면 표현에서 화사의 노력이 엿보인다.

우계당 염일 진영 양
공 우영과 화혜가
1835년에 제작한
것이다. 통도사 소
장.

　김룡사 대성암에는 19세기에 조성된 독특한 개성의 묘사가 돋보
이는 사실적인 진영이 많이 봉안되어 있다. 영월 찬징(穎月讚澄;　　　97쪽 사진
1809년작), 계월당(桂月堂; 1817년작)의 진영은 개성적인 안면
묘사에 장삼과 가사도 직선적으로 표현하였으며, 완파 취관(翫波取
瓛), 혜암 우정(慧庵宇定), 정봉 경현(静峯景賢), 용계 우홍(龍溪宇　　96쪽 사진
弘), 경봉 의홍(慶鳳毅泓) 등의 진영도 주인공의 심성 표출이 대단히
뛰어나게 묘사되어 있다.
　19세기 후반에 오면 종파나 종단 차원이 아닌 해당 사찰의 문중

정봉 경현 진영 김룡사 대성암 소장.(위
 왼쪽)
혜암 우정 진영 대승사 소장.(위 오른쪽)
용계 우홍 진영 김룡사 대성암 소장.(오
 른쪽)

영월 찬징 진영　김룡사 대성암 소장.
　(위 왼쪽)
계월당 진영　김룡사 대성암 소장.
　(위 오른쪽)
완파 취관 진영　김룡사 대성암 소장.
　(왼쪽)

화악당 지탁(1750
~1839년) 진영
김룡사 대성암 소
장.

차원에서 많은 수의 진영이 조성되다 보니 고정된 구도와 진부한
필치로 그려진 것도 나타나게 되었고, 더러는 지나치게 장식적으로
묘사되어 신체와 안면이 굳어져 있는 진영도 있다.

　법주사와 청암사의 일부 진영은 왼손에 주장자, 오른손에 염주를
잡은 비슷비슷한 형식에 일률적으로 그려졌으며 마곡사의 일부
진영들도 의자상의 구도를 복고적으로 사용하면서 매우 장식적으로
표현되었다.

99쪽 사진　　20세기에 와서는 근대적 화풍의 회화성이 강한 진영들이 송광
사, 선암사를 중심으로 다수 조성되었다.

98 유형과 양식적 특징

함경당 두운 진영   1917년 설산 작, 김윤식 찬문. 선암사 소장.(왼쪽)

함호당 진영   1928년 우하 김예식 작, 찬문 박한영 짓고 김돈희 씀. 송광사 소장.(가운데)

인봉당 진영   1938년 춘곡 고희동 작, 찬문 박한영 짓고 제자는 오세창 씀. 송광사 소장.(오른쪽)

찬문(讚文)에 대하여

고승 진영에는 찬문이 적혀 있는 경우가 많다. 주인공의 인격이나 덕망에 대하여 그것을 기리고 추모하는 글을 지어 써 넣은 것이다.

찬문은 주인공의 정신 세계를 이해하고 그것이 어떻게 표현되었는가를 살펴보는 데 많은 도움을 준다. 조형적 근거를 뛰어넘어 하나의 살아 있는 통일체로서 한국 불교인의 내면 세계를 그들의 생애에 비추어 추출해 내는 작업은 대단히 의미있는 일이다.

찬문은 진영이 조성됨과 동시에 쓰여지기도 했지만 대부분은 뒷날 그 진영에 예배하는 사람이 느낀 소감을 쓴 것이다. 진영 화면의 윗부분에 찬문을 써 넣을 수 있도록 네모난 난(欄)이 따로 마련되어 정형화(定形化)한 경우도 적지 않으며 아직까지 찬문이 쓰여지지 않아 빈 칸으로 남아 있는 것도 있다.

찬문은 주인공의 직계 사법 제자(嗣法弟子)나 그의 문도(門徒) 등 승려에 의해 쓰여지기도 했고 승려가 아닌 일반 문인(文人)에 의해 쓰여지기도 했다.

벽송사의 벽송 지엄 진영에는 법손(法孫)인 서산 휴정이 지은 찬문이 쓰여 있으며, 김룡사 대성암의 화악 지탁 진영의 찬문은

성담당 의전 진영　조선 헌종대에 영의정을 지낸 권돈인(1783~1859년)이 쓴 찬문이
있다. 통도사 소장.

금암당 천여 진영
조선 말 초의 의순(1786~1860년)이 직접 찬문을 쓰고 낙관까지 하였다. 선암사 소장.

법손자 보월 혜조(寶月慧昭)가, 선암사의 침명 한성(枕溟翰醒) 진영의 찬문은 제자 함명 태선(函溟太先)이 지었다. 그리고 전당 혜근(錢塘惠勤)은 선암사의 대각 의천 진영 등 7점에, 월명 서진(月溟瑞眞)은 법주사의 은곡 지영(銀谷智營) 진영 등 8점에, 눌암 정찬(訥庵政燦)은 김룡사 대성암의 정봉 경현(静峯景賢) 진영 등 4점에 각각 찬문을 쓰고 있어 뒷날 그들의 진영을 찾은 문중의 후손에 의해 한꺼번에 쓰여지기도 했음을 알 수 있다.

선암사 금암 천여(錦庵天如) 진영의 찬문은 초의 의순(艸衣意恂;   102쪽 사진
1786~1866년)이 직접 글씨를 쓰고 낙관까지 되어 있어 의미가
있고 근대의 경허 성우(鏡盧惺牛) 스님이 청암사의 고암 태순(古庵
太順) 진영 등에, 정호 한영(鼎鎬漢永) 스님이 송광사의 인봉(印峯)
진영 등에, 퇴경 상로(退耕相老) 스님이 법주사의 석상(石霜) 진영
에 찬문을 쓰고 있어 주목된다.
　문장이나 글씨에 능한 일반인이 찬문을 쓴 진영도 많이 있다.

그들 가운데에는 주인공과 교분이 있는 사람도 있고, 직접 교분은 없지만 뒷날 절을 방문하여 그곳에 봉안되어 있는 진영에 예배하고 나서 주인공을 추모하여 찬문을 지은 사람도 있다.

조선시대 영조 때 영의정을 지낸 조현명(趙顯命; 1690~1752년), 헌종 때 영의정을 지낸 권돈인(權敦仁; 1783~1859년), 추사(秋史) 김정희(金正喜; 1786~1856년) 등과 근대의 김윤식(金允植), 여규형(呂圭亨), 오세창(吳世昌), 김돈희(金敦熙), 정인보(鄭寅普) 등이 찬문을 쓴 진영도 있다. 그리고 주인공 스스로가 지은 게송이나 찬문이 '자제(自題)' 또는 '자찬(自讚)'이라 하여 쓰여지기도 했다.

찬문의 내용은 주인공의 인격을 기리고 추모하면서 삶과 죽음의 문제를 언급한 것이 많다. 육체는 비록 없어져 그림으로 남았지만 그의 정신만은 길이 전해져 후세에 빛날 것이라는, 형(形)과 신(神)의 문제가 주된 내용으로 되어 있다. 청암사의 용암 채청(龍巖彩晴) 진영의 찬문을 이원조(李源祚; 1792~1871년)가 썼는데 그 내용은 다음과 같다.

105쪽 사진

있으면서도 없는 것이 스승의 형체요
없으면서도 있는 것이 스승의 정신이다
스승에 대하여 알고자 한다면
형신의 바깥 유무의 사이에서 구해야 한다.
(有而無者 師之形 無而有者 師之神
欲知師者 求之於 形神之外 有無之間)

주인공의 법호(法號)나 당호(堂號)를 그의 생애와 인생관에 비추어 추모하기도 하고, 법계나 법통에 관한 내용도 들어 있다. 찬문은 그려진 작품의 조형적 특색이나 장점에 대하여 언급한 것은 하나도

없다. 진영을 예술 작품으로 본 것이 아니라 거기에 그려진 인간을
본 것이다.

　진영에 대한 찬문은 현판에 새겨져 진영당에 걸리기도 했으며,
찬자의 문집에도 실려 있다. 통도사에는 추사(秋史)가 화담(華潭),
포운(布雲), 성담(聖潭)의 진영에 대하여 쓴 찬문이 현판에 새겨져
있으며「대각 국사 문집(大覺國師文集)」과「청허당집(淸虛堂集)」
등 문집에도 많은 찬문이 실려 있다.

맺음말

    고승 진영은 선종 중심의 한국 불교와 관련이 깊은 초상화이자 불화이다. 스승에 대한 추모와 존경의 마음으로 그 모습을 그려 모셨던 것인데 겉모습뿐만 아니라 인격과 깨달음의 경지까지 깃들어 있도록 조성하여 조사 신앙의 예배 대상으로 받들어졌다.

    진영은 불교 수용 초기부터 조성되었으리라 생각되며 선종의 융성과 더불어 활기를 띠게 되었고, 조선 후기에 와서는 지방으로 확산된 각 문중에서 많은 진영이 다투어 조성되었다. 그리하여 진영당 등으로 불리는 별도의 건물에 수십 점씩의 역대 고승 진영이 봉안되기도 하였다. 그러나 진영은 예배의 대상이 되었기 때문에 훼손이 되었을 경우 옮겨 그려져야 했다. 현존하고 있는 진영은 모두 조선 후기 이후에 제작된 것들이다.

    진영은 대부분 그 절에 소속되어 있던 화승(畵僧)에 의하여 전통적인 불교 회화의 기법으로 그려졌다. 형식상의 다양한 전개와 발전은 보이지 않는다. 거의 모두가 비단 바탕에 채색으로 그려졌으며 의자상과 바닥에 가부좌한 평좌상이 주류를 이룬다. 의자상은 전통적인 형식이며 18세기 후반 이후에는 평좌상의 진영이 많이 그려졌

송월당 혜민 진영
고운사 소장.

다. 왼쪽 얼굴을 보이고 있는 좌안상이 우안상보다 많다. 후세에 내려올수록 고정된 구도와 진부한 필치로 그려졌고 더러는 지나치게 장식적으로 묘사된 것도 나타난다. 조성되는 숫자가 많아져 대체로 질이 떨어졌지만 그 가운데에는 당당한 체험자로서의 품격을 잃지 않은 진영도 상당수가 있다.

우리는 스스로 '우리는 누구인가, 우리는 어떠한가'의 물음에 대한 실마리를 과거 우리 조상들의 수많은 얼굴에서 찾을 수 있다. 고승 진영은 불교의 가르침으로 수행한 주인공의 인격과 경륜이 표현되어 있기 때문에 그들의 보편적인 인상과 표정도 짐작할 수 있다.

민중들의 번민을 함께 나누며 사회적 과제 해결에 앞장선 사람도 있겠고 홀로 자연만을 배우고 즐기며 살다 간 사람도 있을 것이다. 한국 불교를 이어온 그들이 당시의 사회에 대하여 얼마만큼 긍정적인 역할을 하였고, 역사 발전에 기여하였는지는 별도의 고찰을 필요로 하는 문제이다.

부록

고승 진영 목록

　이 목록은 20세기 초에 편찬된 각 사찰의 사지(寺志)와 1978년에 문화재 관리국에서 발간한 「동산 문화재 목록(動産文化財目錄)」 사찰소장품 I, 1990년에 발간한 「전국 사찰 소장 고승 초상화 보고서」를 비롯한 개별 조사와 연구 성과에 의거해서 작성하였다. 제작, 봉안은 되었지만 현재까지 전해지지 않거나 옮겨진 것도 포함되어 있다. 지면 관계로 진영이 조성된 고승의 이름만을 소장처별로 정리하였다.

神勒寺(京畿 驪州)
指空, 懶翁, 無學

佛岩寺(京畿 楊州)
指空, 懶翁, 無學, 泗溟

檜岩寺 (京畿 楊州)

指空, 懶翁, 無學

普賢寺 (江原 溟州)

華谷, 靜虛, 鏡波, 月巖, 德雲

楡岾寺 (江原 高城)

清虛 休靜, 松雲 惟政, 龍巖 慧彦, 春溪 信英, 蓮月 熙燦, 大雲 性起, 騎龍 永基, 桐菴 永善, 愚隱 達善, 草庵 基珠, 錦潭 澄俊, 蓬庵 完直, 栗峰 靑杲, 月松 性日, 化門 齋鼎, 性坡 宗仁, 鏡空 斗奉, 幻應 善昕, 鏡山 處均, 蘗庵 西灝, 枕溪 敏悅, 印潭 慈訓, 潁華 世洪

神溪寺 (江原 高城)

普雲, 西谷, 西峰, 雪月, 慶雲, 玩空, 止潭, 混虛, 中庵, 楓溪, 海月, 眞表, 楠景, 映月, 大應, 石舟, 畿峰, 明虛, 瑞峯, 桂月, 應庵

表訓寺 (江原 淮陽)

指空, 懶翁, 無學, 清虛, 泗溟, 圃隱, 玩星, 麟溪, 萬溪, 華山, 東庵, 寶庵, 印潭, 應月, 漢月

龍貢寺 (江原 通川)

虎巖 體淨, 楓嶽 普印, 柳坡 最冠, 龍坡 喆雄, 石庵 秀楚, 映松 聚謙, 思嶽 廣悟, 東湖 戒咸, 萬峯 一亨, 雪松 典恂, 月巖 爲鴻, 中峯 壯屹, 龍嶽 桂掬, 凌虛 智學, 擎松 宥澄, 擎峯 錦坦, 慈雲, 永松, 道庵, 繼松

隱跡寺 (江原 通川)

楓嶽 普印, 永月 勝還, 靑坡 宥鵬, 海峯 寬性, 秀峯 法俊, 影潭 道潛, 退巖, 淵波, 枕溪, 滿月, 錦坡

華藏寺 (江原 通川)

永海

乾鳳寺 (江原 高城)

發徵, 清虛, 泗溟, 楓嶽, 影波, 月峰, 樂虛, 松岩, 聳虛, 大雲, 性圓, 松坡, 樂貧, 松源,

影海, 夢月, 錦城, 雲溪, 浩然, 眞覺, 應雲, 麒峰, 鳳溪, 仙嶽, 鳳林, 碧梧, 聖鳳, 仙園, 碧岩, 華隱, 靈潭, 圓惺, 蓮※, 仁坡, 石潭, 楓溪, 夢山, 慧庵, 碧潭, 源湖, 鶴林, 雙月, 萬化, 青庵

神興寺(江原 襄陽)

太古 普愚, 清虛 休静, 鞭羊 彥機, 楓潭 義諶, 泗溟 惟政, 碧溪 净心, 碧松 智嚴, 芙蓉 靈觀, 貫雲 靈瑞, 印虛 海眼, 雪谷 冲筆, 觀性 尙淳, 花月 坦洪, 仙谷 松默, 雪潭 泰閭, 龍岩 軆照, 溟洲 法察, 雪岩 秋鵬, 月岩 智厚, 花峰 道圓, 貫虛 富聰, 碧波 巨寬, 慧峰 勝定, 碧峰 雨沾, 圓性 順覺, 春峰 得青, 青岩 可雲, 勒庵 政奎, 圓峯 尙機, 麒峯 定順, 東河 應潤, 雲虛 義寅, 三明 翰義, 香坡 寬星, 幻學 等學, 蓮谷 石泉, 明星 義鼎, 萬愚 處欣, 蓮庵 和悅, 性月 昌玩, 松月 再熏, 了星 啓玩, 錦城 泰厚, 秋潭 大眞, 東坡 弘敏, 鏡峰 性悅, 春坡 可成, 仙岳 净雄, 仙鶴 景宜, 静虛 弘漢, 聖谷 載憲, 混虛 明圓, 龍船 侑幸, 海溟 幻峯, 春潭

禾岩寺(江原 襄陽)

眞表, 清虛, 泗溟, 廣明, 海城, 春潭, 華城, 華谷, 豊谷, 晦光, 德峯, 龍華, 應庵, 桂憲, 蓮城, 月峯

明珠寺(江原 襄陽)

喚惺, 蓮坡, 無瑕, 鶴雲, 麟谷, 聳嶽, 圓峰, 大隱, 影雲, 夢庵, 雪峰, 楸庵, 月虛, 咸虛, 印潭, 性月, 義龍

壽陀寺(江原 洪川)

清虛, 華峰, 海雪, 瑞谷, 德波

法住寺(忠北 報恩)

曦巖 法英, 錦華 道弘, 影巖 弘玟, 銀谷 智榮, 華峯 明察, 蓮潭 世弘, 松巖 莊信, 煥菴 静俊, 華峯 宜一, 甑峯 玲璘, 處林 衡恩, 杲峯 普欣, 大圓, 義信, 太古, 震河, 坦應, 湖巖, 龍虛, 石霜, 金烏, 未詳僧

麻谷寺(忠南 公州)

西山 休静, 泗溟 唯政, 騎虛 靈奎, 錦波 妙華, 洪溪 永日, 印月 智幸, 錦華 性有, 香溪, 錦湖, 慈藏, 道詵, 梵日, 普照

甲寺(忠南 公州)

清虛 西山, 泗溟, 騎虛

花岩寺(全北 完州)

朗月 善喆, 虛舟, 靑坡, 樂巖, 寶鏡, 月河, 仁坡, 古鏡

禪雲寺(全北 高敞)

芙蓉, 淸虛, 默堪, 雪坡, 雪松, 金峯

金山寺(全北 金堤)

眞表, 海東 六祖

松廣寺(全南 昇州)

普照, 眞覺, 淸眞, 眞明, 慈眞, 慈精, 圓鑑, 慈覺, 湛堂, 慧鑑, 慈圓, 慧覺, 覺巖, 淨慧, 弘眞, 高峯, 大愚, 龍湖, 离峯, 優曇, 枕龍, 樂庵, 霽月, 鏡月, 鷹峰, 枕溟, 華雲, 海蓮, 斗月, 惺庵, 圓應, 葆光, 奇峯, 碧潭, 默庵, 楓巖, 霽雲, 應庵, 九蓮, 幻海, 雲桂, 隱虛, 華岳, 翫月, 會溪, 龍雲, 雪峯, 應峯, 東浩, 咸月, 中峯, 洞虛, 守山, 圓海, 印峯, 菡湖, 栗庵, 未詳僧

仙巖寺(全南 昇州)

指空, 懶翁, 無學, 道詵, 大覺, 阿道, 西山 淸虛, 泗溟 惟政, 萬化 圓悟, 護巖 若休, 華山 晤善, 補巖 明解, 鐵鏡 永寬, 訥庵 識活, 函溟 太先, 枕溟 翰醒, 虎巖 體淨, 錦庵 天如, 泗岳 等閑, 靑昊 華日, 函鏡 斗運, 雲岳 頓覺, 景鵬 益運, 太虛, 海鵬, 大雲, 擎雲

泉隱寺(全南 求禮)

月谷, 德峰, 普明, 應虛, 龍潭, 翫月, 隱月, 東溪, 月松, 烟起, 惠庵, 南波, 玄虛, 德松, 慈隱

道岬寺(全南 靈岩)

道詵, 守眉

大興寺(全南 海南)

義月, 虎隱, 西山, 泗溟, 雷默, 草衣, 淸虛 등 22인, 禪雲 등 24人, 夷龍 등 24人, 晶巖 등 24人, 影潭 등 24人, 應雲 등 24人, 惠菴 등 12人, 雪巖 등 5人, 阿度 등 6人, 獅峯 등 5人

白羊寺(全南 長城)

天鏡 順昕, 鳳聲 宗煥, 黙潭 聲祐, 覺眞, 慧恩, 性潭, 仁潭, 錦海, 寶鏡, 應雲, 華曇, 翠雲, 鏡潭, 擎虛, 海雲, 沈松, 蓮潭, 如幻, 中延, 虎巖, 羊岳, 仁庵, 文谷, 道巖, 漢陽, 德松, 清溪, 蔓庵, 峰霞, 鶴山

興國寺(全南 麗水)

普照, 應雲, 羅玩

桐華寺(大邱)

普照, 泗溟, 極達, 玄月 惣倫, 八峯 勝休, 龍巖 玉仁, 仁嶽 義沾, 喚黙 應律, 影虛 妙守, 仁峯 快軒, 大隱 斗如, 喚明 日眞, 浩運 智皓, 兩運 晩慧, 慈月 武謙, 大鳳 海翼, 浩月 宇玉, 普運 奉玉, 竹庵 善利, 布雲 閏聚, 明虛 永佺, 楞庵 世章, 煥月 智和, 應松 儀律, 尺潭, 慈月, 兩運

銀海寺(慶北 永川)

影波 聖奎, 廣月 寬誠, 赫庵 永日, 八峯 勝休, 錦溪 盛呂, 轉菴, 道峯, 海庵, 遇運, 澄月, 雪虛, 雪岳, 百草, 月坡 達熙, 混虛 智照, 青峰 潤和, 海月 政毅, 赫菴 永日, 皓月 永臣, 寧庵 志玫, 弘眞, 無學, 清虛, 四溟, 轉菴, 運虛, 雪華, 蓮庵, 莉岳, 道峯, 四松, 秋波 定玩, 牧庵 宣完, 嚴蓮, 紫巖, 智月, 九蓮, 道月, 鎭海, 一庵, 聖坡

孤雲寺(慶北 義城)

義湘, 清虛, 泗溟, 道隱 忠性, 義巖 好澄, 城月 指淳, 義山 定活, 凌波 豊逸, 祥雲 宇聰, 虎巖 最善, 松月 慧敏, 青岳 肯熙, 龜巖, 清波 浄法, 松坡 萬洪, 雲坡 鮮門, 把雲 道普, 澄潭 振禹, 仙坡 卓善, 松庵 義現, 納庵 德成, 影潭 戒悟, 鏡虛 敬淳, 退隱 有戒, 晩松 毅弘, 涵弘, 東虛, 小岩

直指寺(慶北 金陵)

能如, 慕雲, 影波, 松坡, 影月, 虎峰, 青坡臣一, 鏡月 泰鑑

青巖寺(慶北 金陵)

錦溪 五祐, 龍巖 彩晴, 鳳巖 碩洪, 大雲 金雲, 晦庵 定慧, 古庵 太順, 歸庵 大昕, 洛河, 雪岳, 苞峯, 華雲, 喚愚, 虛静, 泗松, 翠峯, 慕庵, 影松, 五峯, 翠山, 金坡, 夢庵, 五松

金龍寺(慶北 聞慶)

雪虛 知添, 靈巖 可僞, 布淡 富煜, 密巖 大燁, 徹虛 啓咸, 應嚴 智圓, 潤波 平益, 華潭
敬和, 龍巖 贊蓮, 静峯 景賢, 虎惺 肯俊, 華嶽 知濯, 瓽波 取瓆, 觀虛 景玏, 夢山 性沾,
惠雲 致敏, 穎月 讃澄, 華月 普侁, 慶鳳 毅伭, 錦峯 性宥, 樂坡 祉秀, 南岳 愰晤, 雪下
俊洪, 松巖 最欽, 慧月 戒友, 振巖 志淳, 寶月 慧昭, 影虛 軦浄, 杜巖 瑞藝, 禮峯 學潤,
退雲 信謙, 龍溪 宇弘, 桂月 城月, 未詳僧, 眞鑑, 懶翁, 清虛, 括虛 取如, 海雲 釋綻,
幻夢 初信, 渾性 致雲, 慕雲 廷璇, 五峯 肯岑, 桂成 爀曦, 性月 圓慧, 竺岩 注性, 芙蓉
初門, 印潭 道建, 退庵 啓玉, 無影

大乘寺(慶北 聞慶)

涵弘 致能, 東昊 震㹊, 德山 守仁, 水月 妙行, 荷月 瀁遠, 海練 法珍, 清波 善溢, 訥庵
德咸, 幻鏡 雨仁, 意雲 慈雨, 性菴 智英, 幻溪 慧聰, 影峯 守彦, 慧庵 宇定, 應峯 道点,
性月 永信, 華潭 敬和, 九潭 展鴻, 奐映 定修, 就月 誼官

龍門寺(慶北 醴泉)

杜雲, 清虛, 影波, 龍坡, 浩月, 臥雲 信慧, 豊巖 遇曄, 隱虛 允悅, 雲巖 轉華, 慶巖
道英, 泳海 法哲, 弼恩 善日, 黃岳 相元, 虛脫 碧琳, 杜巖 壯弘, 充虛 斗活

雲門寺(慶北 清道)

圓光, 寶壤, 圓應, 道峯 有聞, 晋溪 仲璃, 静菴 孝源

鳳停寺(慶北 安東)

松雲

南長寺(慶北 尙州)

眞鑑, 懶翁, 清虛, 泗溟, 達摩, 照影, 幻寂, 脫惺 元曄, 白峯 信嚴, 尙南 永察, 印月
大仁, 栢雪

大屯寺(慶北 善山)

月巖

桃李寺(慶北 善山)

懶翁

廣興寺(慶北 安東)

南月 惠昕, 印峯 允仁, 碧坡 海雲, 清隱 致嚴, 涵弘 致能, 海隱 宇俊, 演竺

芬皇寺(慶北 慶州)

元曉

浮石寺(慶北 榮州)

義湘

寶鏡寺(慶北 迎日)

智明, 圓眞, 清虛, 泗溟, 圓覺, 鰲巖, 神坡, 影月, 松溪, 東峯, 映湖 普文, 雪月 宇澄, 隱巖 富潤, 喚虛 之閑, 淵坡 有潤, 雪山 壯旭

梵魚寺(釜山)

海城, 洛城, 月庵

銀河寺(慶南 金海)

駕洛國師 長遊

通度寺(慶南 梁山)

慈藏, 指空, 懶翁, 無學, 清虛, 泗溟, 騎虛 靈圭, 友雲 眞熙, 洛雲 智日, 喚惺 志安, 龍巖 慧彦, 雪松 演初, 鴻溟 軌觀, 花谷 誠天, 凝庵 僧愉, 海松 寬俊, 慶坡 敬審, 退隱 等慧, 日逢 遇旻, 東溟 萬羽, 秋坡 大明, 永閑 宗悅, 度庵 宇伸, 聖潭 倚典, 友溪 念一, 影波 聖奎, 華嶽 知濯, 華潭 敬和, 雨潭 有定, 喚應 敏悅, 月墟 戒清, 金波 任秋, 鷲峯 軌鵬, 龍坡 道周, 錦龍 璟希, 虎惺 奭鍾, 東坡 坦學, 聖谷 愼旻, 白巖 寬弘, 義松 最仁, 布雲 閏聚, 望雲 就日, 龍虛 智黙, 雨潭 有定, 慶海 性讚, 華峯 有喆, 幻潭 禮恩, 九潭 展鴻, 德月 智洪, 南虛 愼永, 應虛 贏洽, 華岳 泰榮, 三星 暑澄, 性月 弘震, 鶴松 理性, 華峯 有喆, 九成 鳳儀, 五聲 右竺, 九龍 天有, 九鳳 智和, 嶺潭 有洪, 德巖 蕙憬, 大隱 祐管, 枕溪 寬樞, 清潭 遠一, 春庵 印天, 海嶺 圓誠, 巖菴 虎巖, 普雲 友雲, 東溟 九河 天輔, 鏡河 達允, 太虛 性圓, 大鵬 善炯, 枕空 致淳, 雪巖 埼典, 石潭 有性, 海曇 致益, 聖海 南巨, 九河 天輔, 抱潭 泳柱, 雪阿 泰悅, 大友 性祚, 龍惺, 古鏡

表忠寺(慶南 密陽)

西山 休静, 泗溟 惟政, 毅禪 騎虛, 華潭 敬和, 鶴巖 圓政, 德庵 富活

海印寺(慶南 陜川)

龍峯, 枕月

碧松寺(慶南 咸陽)

碧松

龍湫寺(慶南 咸陽)

無學, 西山, 泗溟, 覺然, 櫟庵, 慕庵, 龍淵, 龍岳, 有月, 翠隱, 荷奉, 龜奉

青谷寺(慶南 晋陽)

實相, 眞鑑, 烟起, 布雨

雙磎寺(慶南 河東)

眞鑑, 東河, 月照, 碧松 등 3人, 淸虛 등 5人, 浮休 등 5人

花芳寺(慶南 南海)

忠察, 松鶴, 英哲, 碩淳, 戒元, 眞覺, 接鳳, 松鶴

國立中央博物館

無學, 西山, 載月, 華潭, 雙月, 未詳僧

東國大學校 博物館

眞覺, 松雲, 枕肱, 喚惺, 慧明, 興谷 正眼, 雲溪, 霽峯, 觀月 幸欣, 南坡 天宇, 白華, 尼嚴 大儀, 德庵 永輝, 翠峯 善闓

圓光大學校 博物館

淸虛, 泗溟, 雷黙, 錦蓉, 竺巖 注性, 隱山 謹珍, 五峯 肯岑, 印潭 道連, 慕雲琠璇

德成女子大學校 博物館

靈源

弘益大學校 博物館

應雲惛㝡, 秋潭 理演

高麗大學校 博物館

暎虛

湖巖美術館

春潭, 肯巖, 碧潭

湖林美術館

元曉, 義湘

필라델피아 美術館 (Philadelphia Museum of Art)

蓮坡 瑞文

보스턴 博物官 (Boston Museum)

泗溟, 慧心

大英 博物館 (British Museum)

台巖 鵬演

참고 문헌

단행본

『사찰소장 불화조사』 전2권, 문화재관리국 문화재연구소, 1989~
    1990.
『전국사찰소장고승초상화보고서』, 문화재관리국, 1990. 4.
김영주, 『조선시대불화연구』, 지식산업사, 1986.
문명대, 『한국의 불화』, 열화당, 1977.
윤열수 편, 『통도사의 불화』, 통도사성보박물관, 1988.
최순우·정양모 편, 『한국의 불교회화』 송광사편, 국립중앙박물관,
    1970. 12.
홍윤식, 『한국불화의 연구』, 원광대학교 출판국, 1980.
홍윤식·윤열수, 『불화』, 대원사, 1989.

논문

김정희, 「동국여지승람과 조선전기의 불화」, 『강좌미술사』 2, 1989.
김종태, 「고려오백나한상고」, 『공간』 205, 1984. 7.
김종태 역·오세창 저, 「나한화상연역고」, 『미술자료』 31, 1982. 12.
류마리, 「고려시대 오백나한도의 연구」, 『한국불교미술사론』, 민족
    사, 1987.
———, 「조선조의 탱화」, 『조선불화』 한국의 미 16, 중앙일보사,
    1984. 5.
문명대, 「조선조불화의 양식적 특징과 변천」, 『조선불화』 한국의
    미 16, 중앙일보사, 1984. 5.
박도화, 「고려불화」, 『월간 미술』, 1994. 1.
안휘준, 「고려불화의 회화사적 의의」, 『고려·영원한 미－고려불화
    특별전』, 호암갤러리, 1993.

이태호, 「고려불화의 제작기법에 대한 고찰-염색과 배채법을 중심으로」, 『미술자료』 53, 1989. 6.

전호열, 「5세기 고구려 고분벽화에 나타난 불교적 내세관」, 『한국사론』 21, 1989. 9.

정우택, 「동문선과 고려시대의 미술-불교회화」, 『강좌 미술사』 1, 1988.

조은정, 「조선 후기 십육나한상에 대한 연구」, 『고고미술』 182, 1989. 6.

홍윤식, 「고려·조선시대의 불화」, 『한국미술사의 현황』, 예경, 1992.

———, 「고려불화의 주제와 그 역사적 의미」, 『고고미술』 180, 1988. 12.

———, 「조선 명종조의 불화제작을 통해서 본 불교신앙」, 『불교학보』 19, 1982. 9.

———, 「조선 초기 지은원소장오백나한도와 그 산수화적 요소」, 『고고미술』 169·170, 1986. 6.

빛깔있는 책들 102-19

고승 진영

글	─김형우
사진	─김형우, 윤열수
발행인	─장세우
발행처	─주식회사 대원사
주간	─박찬중
편집	─김한주, 신현희, 조은정, 황인원
미술	─차장/김진락 윤용주, 이정은, 조옥례
전산사식	─김정숙, 육양희, 이규헌

첫판 1쇄 ─1990년 12월 26일 발행
첫판 5쇄 ─2006년 4월 30일 발행

주식회사 대원사
우편번호/140-901
서울 용산구 후암동 358-17
전화번호/(02) 757-6717~9
팩시밀리/(02) 775-8043
등록번호/제 3-191호
http://www.daewonsa.co.kr

(卍) 값 13,000원

Daewonsa Publishing Co., Ltd.
Printed in Korea(1990)

ISBN 89-369-0058-7 00220

빛깔있는 책들